CB139703

Neide (AMIGA)

Feliz Aniversário!

Nelly 22/8/2018

MEDIDA DRÁSTICA

EDITORA EME

Solicite nosso catálogo completo, com mais de 350 títulos, onde você encontra as melhores opções do bom livro espírita: literatura infantojuvenil, contos, obras biográficas e de autoajuda, mensagens espirituais, romances palpitantes, estudos doutrinários, obras básicas de Allan Kardec, e mais os esclarecedores cursos e estudos para aplicação no centro espírita - iniciação, mediunidade, reuniões mediúnicas, oratória, desobsessão, fluidos e passes.

E caso não encontre os nossos livros na livraria de sua preferência, solicite o endereço de nosso distribuidor mais próximo de você.

Edição e distribuição

EDITORA EME

Caixa Postal 1820 - CEP 13360-000 - Capivari - SP

Telefones: (19) 3491-7000 | 3491-5449

Vivo (19) 99983-2575 | Claro (19) 99317-2800

vendas@editoraeme.com.br - www.editoraeme.com.br

WANDA A. CANUTTI
PELO ESPÍRITO EÇA DE QUEIRÓS

MEDIDA DRÁSTICA

CAPIVARI-SP - 2018

© 2005 Wanda A. Canutti

Os direitos autorais desta obra foram cedidos pela autora para a Editora EME, o que propicia a venda dos livros com preços mais acessíveis e a manutenção de campanhas com preços especiais a Clubes do Livro de todo o Brasil.

A Editora EME mantém, ainda, o Centro Espírita "Mensagem de Esperança" e patrocina, junto com outras empresas, a Central de Educação e Atendimento da Criança (Casa da Criança), em Capivari-SP.

5ª reimpressão - maio/2018 - de 21.001 a 24.000 exemplares

CAPA | André Stenico
PROJETO GRÁFICO E DIAGRAMAÇÃO | vbenatti
REVISÃO | Editora EME

Ficha catalográfica

Eça de Queirós (espírito)
Medida drástica / pelo espírito Eça de Queirós; [psicografado por] Wanda A. Canutti - 5ª reimp. mai. 2018 - Capivari, SP: Editora EME.
224 p.

1ª ed. maio 2005
ISBN 978-85-7353-317-0

1. Romance mediúnico. 2. Lei de causa e efeito.
3. Expiação do passado.
I. TÍTULO.

CDD 133.9

SUMÁRIO

PALAVRAS DO AUTOR

Seres falíveis na Terra, sempre os há, pois é nela que as provas são vivenciadas, é nela que o aprendizado maior se realiza, e é nela que a modificação interior, como resultado do esforço de cada um, é efetuada.

Entretanto, aqueles que aqui aportam trazendo esses propósitos, nem sempre conseguem cumpri-los e, em contato com os vícios que ainda grassam na humanidade, e com o despertar dos que eles próprios ainda carregam no espírito, advém a falência.

Ah, quão importante é para um espírito, uma existência terrena! Ela é a abençoada oportunidade concedida por Deus, para que erros sejam ressarcidos e o progresso espiritual efetuado.

Nem todos, porém, que aqui se encontram, atentam para a sua verdadeira finalidade de estarem vivendo neste planeta de provas e expiações e, por mais o Pai misericordioso lhes ofereça oportunidades, eles sempre reincidem no mal.

A cada espírito Deus dá o direito de promover a própria evolução, oferecendo-lhe os meios para isso, mas nem sempre assim acontece e oportunidades são desperdiçadas.

Esquecidos do que prometeram e prepararam, esquecidos do que eles mesmos, muitas vezes, pediram como prova para ajudá-los a mais rapidamente ressarcir seus males e progredir, reincidem não só uma, duas ou mais vezes, como que desprezando todas as concessões que Deus lhes tem feito.

Nessa situação, quando o retorno ao Mundo Espiritual se dá, o espírito sofre muito, não só pelos erros cometidos, mas muito mais por não ter conseguido realizar o que se propusera.

Em assim sendo, medidas mais drásticas precisam ser tomadas em favor desse espírito, para que um basta definitivo seja dado àquela vida de promessas não cumpridas, de propósitos não realizados. E, com essas medidas, uma encarnação de dificuldades é sempre solicitada ou imposta, durante a qual muito sofrimento deve ser suportado. Todavia, é através dele que a redenção se fará, e, por mais ele sofra aqui, com provas tão acerbas, nenhum sofrimento é maior que o do arrependimento quando verifica, ao retornar ao país de origem, que novamente falhou, mais compromissos acumulou e perdeu uma oportunidade valiosa de redenção.

Compreendam, pois, as provas difíceis, sejam elas

quais forem, como o resultado da misericórdia divina em favor daquele espírito em romagem terrena, porque era justamente o de que ele necessitava para sua redenção, e ajudem-no o quanto puderem, pois que assim estarão ajudando o próprio Pai a recolher, ao seu aprisco de amor, mais um filho perdido.

Eça de Queirós

Araraquara, 17 de março de 1999

CAPÍTULO 1

SEM DEFESA

Os transeuntes cruzavam a cidade com muita pressa. O céu escurecera de repente e uma grande tempestade se avizinhava.

O medo de que ela os atingisse em plena via pública, ao desabrigo de um teto que os protegesse, fazia-os andarem apressados e os mais ágeis até correrem.

Os trovões reboavam com fortes estampidos, e, logo após, aquela escuridão, em pleno dia, era interrompida pelos raios que traçavam os desenhos mais assustadores no céu.

As águas ainda não haviam começado a cair, mas não tardariam.

A um canto, tentando abrigar-se, encostado a uma parede, um velho presenciava aquele espetáculo de quase horror.

Todos os que corriam tinham uma casa para resguardá-los, tinham entes queridos que se preocupavam com eles, e os esperavam ansiosamente para reunir a família ao abrigo de um teto.

E ele, para onde iria?

Forças para correr, não possuía mais. Era sempre mal alimentado, vivia da caridade alheia, e mesmo que pudesse correr, não teria nenhum teto para protegê-lo, nenhum familiar para esperá-lo.

Por isso ele ali permanecia, sem que ninguém, entre os que passavam apressados, prestasse atenção nele.

Como seria bom ter um lar, uma esposa, filhos para

amar e ser amado! Ele, porém, nada disso possuía. Vivia numa miséria total e abrigava-se, às vezes, em algum canto abandonado, mas, naquele momento, era ali mesmo que deveria ficar.

O receio que tomava aqueles que por ele passavam, já não existia mais em seu coração. O pobre velho não tinha nada, a não ser a vida que Deus ainda lhe conservava. Embora muitas vezes, nos dias de sofrimento mais atroz lhe implorasse que o levasse desta Terra de sofrimento, parecia-lhe que seus rogos não eram ouvidos.

Não seria, aquele movimento todo que a Natureza preparou, uma recepção para levá-lo de vez?

Esperava que sim... Para ele, por tudo o que sofrera e por tudo o que fizera, só dessa forma é que merecia partir, levado aos trambolhões pelas águas e pelo vento, ou atingido por um daqueles desenhos que se formavam no céu e de lá se desprendesse para atingi-lo.

Não merecia ser levado num dia de primavera, de sol brilhante, de flores perfumadas e de pássaros voejantes. Não, uma partida assim eram poucos os que mereciam, e ele sabia, não era ele.

Nenhum anjo tocando as cornetas da recepção para aqueles que bem viveram na Terra estaria pronto para recebê-lo.

A Natureza estava atormentada e manifestava-se em bravios brados, mas o seu coração, não obstante calado, não estava menos atormentado que ela.

Sim, o tormento, o remorso, tomavam-lhe o pensamento em todas as horas do dia, e sem querer, rememorava a sua vida, tudo o que fizera, as oportunidades que perdera deixando de ser um daqueles cidadãos que corriam em busca do seu teto, do seu abrigo, do aconchego dos seus familiares.

Ele também tivera um teto, não um comum e simples, mas luxuoso, com muitos empregados que o serviram, assim como a todos os seus familiares.

Tivera uma esposa, linda, jovem como ele próprio o fora, e quando a levou para a nova casa, após a cerimônia do casamento, um entrever de muita felicidade e muitas esperanças fazia parte dos sonhos de ambos.

Os dois vinham de famílias abastadas que, apesar de terem esse casamento como promissor para os interesses das partes que se uniam, se amavam muito e a felicidade que esperavam viver, depois do casamento, estava acima de qualquer interesse.

E os filhos? Ah, quando pensavam nos filhos que teriam, a felicidade era maior. A chegada do primeiro foi o momento supremo de felicidade que se prolongou depois, e novamente se manifestou quando chegaram o segundo e o terceiro.

Dois homens e uma mulher. A caçula era uma menina linda e terna que fazia a alegria do pai quando se encontrava no aconchego familiar.

Mas por que ele pensava nessas coisas que estavam tão distantes? Por que justamente aquela hora de aflição e temor para tantos, trazia tão ternas lembranças para o seu coração? O que significariam elas? Que as deixaria para sempre juntamente com a tempestade que se avizinhava? Que elas deixariam para sempre de ser lembranças como deixaram de ser realidade?

Com a realidade ele não poderia lutar, mas as lembranças eram suas, pertenciam-lhe por inteiro e ninguém poderia interferir nelas, proibindo-o de tê-las, de pensar naqueles que um dia lhe foram tão queridos.

A tempestade estava cada vez mais próxima, e as lembranças, em meio aos raios e aos trovões, se interpunham entre eles.

Quando chegou, nada foi diferente do que se esperava. Ao contrário, esperava-se muito, mas ela viera com uma força mais feroz ainda, arrasando, destruindo, amedrontando.

O pobre homem que se encostara a um canto de parede para poder resguardar-se, pouco pudera fazer contra a sua fúria. Lutar, não adiantaria. Quem luta contra as forças da Natureza e sai vencedor? Bem poucos...

Se até alguns mais jovens e fortes pereceram, como ele, frágil, velho, exposto com toda a liberdade, poderia se salvar?

Quando a fúria da tempestade se acalmou, e aquela noite em pleno dia se desfez, os mais curiosos puderam sair às ruas e, o que encontraram, foi assustador.

As construções mais antigas, sem conservação, não haviam resistido e muitas delas encontravam-se no chão. Muitas árvores arrancadas e, dos que não conseguiram chegar a um abrigo seguro e foram alcançados em plena rua, poucos sobreviveram.

O pobre velho, encostado à parede, ruiu juntamente com ela, e ninguém sabia se havia alguém sob os escombros. Ninguém o reclamara, mas após algum tempo, quando a cidade promovia a arrumação do que fora destruído, ele foi encontrado, sem identidade, sem nome, sem nada... Apenas um corpo inerte e bastante ferido, que um ou outro reconheceu por vê-lo pelas ruas, muitas vezes implorando a caridade pública.

E as suas lembranças, aquelas que insistiram em lhe retornar quando as sombras ameaçadoras encobriram o brilho do Sol, atemorizando a muitos? Todas feneceram juntamente com ele.

Agora ele era apenas ele, sem nome, sem passado, sem lembranças, sem futuro, sem esperanças...

Se considerarmos a fragilidade de um corpo físico, sabemos que dele nada mais existia, nada mais havia.

No entanto, o corpo é apenas uma parte de nós, necessária e útil enquanto aqui na Terra nos encontramos encarnados, mas ele não é tudo, não é absoluto, não é o único. Somos espírito, imortal e nenhuma tempestade, por mais feroz e demolidora pode destruir.

Se o corpo fica na Terra, imóvel por ser perecível, o espírito continua vivo porque é imortal.

Se assim pensamos, apenas uma parte daquele que ali perecera se perdeu, porque em espírito continuava vivo e muito vivo, abrigando em seu íntimo todas as lembranças de todos os atos praticados, de todos aqueles que fizeram parte delas como entes queridos ou como adversários cruéis.

O corpo morre, mas é o espírito que armazena todas as experiências, é ele quem impele às boas ações se já o temos um pouco mais purificado de tantos males que um dia praticamos, e é ele que também nos impulsiona à prática das más ações, se ainda não o temos desperto para as verdades eternas ensinadas pelo Cristo Jesus.

E, em relação àquela nossa personagem, o que poderemos dizer? Seu corpo, não reclamado por ninguém, encontrara o sepultamento juntamente com outros que também pereceram em iguais circunstâncias, mas em espírito vagava sem saber o que realmente havia acontecido.

Seu pensamento intenso nos familiares, nos últimos instantes de sua vida, todas as lembranças que trouxera do armazém das suas recordações que o faziam sofrer, ligaram-no intensamente a eles, e ele espírito, sem saber, ainda o que havia acontecido, encontrava-se novamente no lar que um dia fora seu, e recordava seu nome, Djalma.

A cidade era outra e até os tempos eram outros. Muitos anos haviam passado, seus filhos eram adultos, mas ainda permaneciam junto da mãe. E ela, a sua esposa, envelhecera e andava mais alquebrada.

Se os encontrasse na rua enquanto ainda vivia no corpo, não os reconheceria, mas ali, sem entender ainda o que havia acontecido consigo, sabia que estava no seu lar e reconhecia tanto a sua esposa quanto seus filhos. Se assim era, por que não lhe dirigiam a palavra, por que o ignoravam completamente como se ele não existisse? Se entre eles se encontrava novamente, alguma coisa deveria ter acontecido e ele precisava saber o quê.

CAPÍTULO 2

AMARGAS RECORDAÇÕES

O que esperava aquele irmão encontrar entre os seus familiares? Eles não o viam, pois ali estava em espírito, conquanto ainda bastante confuso e inconsciente da sua real condição. E justamente por isso, porque não era visto nem sentido, que ele permanecia. Do contrário, ali não estaria. Embora o chefe da família, embora o respeito que se deve dispensar a um pai, depois de tudo, eles não lhe perdoariam.

Se uma vez já se vira obrigado a deixar o lar, não seria agora que o receberiam. Entretanto, ele ainda não percebia, nem a sua mente tinha o equilíbrio e a lucidez para lembrar-se de tudo o que fizera e de que, naquele lar, já não residia há muitos anos.

Seus três filhos eram pequenos e sua esposa sofrera muito. Ela o amava. Confiava nele e tinha esperanças de que envelheceriam juntos, vendo os filhos crescerem, acompanhando suas lutas e suas vitórias, consolando-os nas derrotas, suprindo as suas necessidades, apoiando-os e estimulando-os nas iniciativas nobres e orientando-os nas mais infelizes.

Mas a partir de um tempo que ainda não lhes era necessário esse amparo mais direcionado às suas necessidades, não as decorrentes da alimentação, vestuário e conforto, mas aquelas em que eles começassem a agir por si mesmos, a sua esposa teve que tomar a si somente esse encargo.

Fora difícil para ela, mas os três filhos corresponderam às suas expectativas, aos seus esforços, e os três eram pessoas de bem.

Ainda nenhum deles deixara a companhia da mãe para constituir o próprio lar, e a primeira que o faria, seria a jovem caçula dos três, já com vinte e dois anos e pronta para o casamento.

Conhecera um rapaz por quem se apaixonara, honesto, responsável, esforçado e, consultando os familiares, ninguém colocou o menor impedimento para que ela fosse feliz, pelo menos assim tudo indicava. Todavia, em felicidade e em esperanças num futuro promissor de amor e entendimento, eles não confiavam mais nem esperavam muito. A realidade que tiveram no lar lhes fora dura demais.

Por isso, talvez, vendo o exemplo do sofrimento da própria mãe, os dois filhos mais velhos, não obstante homens, ainda resistiam a qualquer compromisso mais sério. Trabalhavam, cumpriam suas obrigações com grande lisura de atos, namoriscavam, mas nenhum comprometimento definitivo haviam assumido.

Os dois tinham personalidades diferentes. Cada um seguiu, mesmo com o sacrifício da ausência do pai, carreiras diversificadas. Um pendera para engenharia, tinha o próprio escritório e trabalhava com sucesso, descansando a mãe de tantas preocupações e dificuldades, quando precisaram completar os estudos.

A verdade é que contaram com uma certa ajuda de alguns dos familiares da parte dela, porque os do marido se afastaram completamente, como se culpados fossem do que acontecera.

O filho do meio, mais jovem dos dois rapazes, seguiu o curso de direito e já também trabalhava com um colega de profissão, mais velho e mais experiente, e ainda não abrira o próprio escritório, porque queria, primeiro, adquirir experiência para realizar um bom trabalho. Ele percebia o seu salário e ajudava bastante o seu chefe que lhe confiava muitas das causas mais difíceis, dando-lhe uma quantia maior em pecúnia, cada vez que se saía bem na responsabilidade de defender, de coordenar, de acertar negócios e obrigações diante da lei.

Como iriam receber o pai depois de tudo, e que pretensão teria ele de ser bem recebido?

Depois de alguns dias de permanência no lar, em que acompanhou a cada um, ouviu muito do que diziam, e mesmo sem nenhum deles fazer a menor referência à sua pessoa, ou talvez por isso, Djalma passou a pensar mais intensamente e começou a compreender. Naquela casa não havia lugar para ele, fora esquecido completamente. Uma vez apenas surpreendeu a filha pensando nele, lembrando-se de quando era criança e o amava muito, mas os seus pensamentos iam até um certo ponto porque depois nem ela mesma tinha todo o conhecimento do que havia ocorrido.

Por que conseguira entender o que a filha pensava, sem que ela tivesse pronunciado nenhuma palavra?

Querendo verificar melhor, aproximou-se da esposa, cansada e sofrida apesar de todo o carinho que os filhos lhe devotavam, e começou a prestar bastante atenção.

Falar-lhe, não adiantava, ninguém o ouvia. Porém, se agora tinha a capacidade de ler o pensamento, já era alguma coisa e poderia captar muito mais do que as simples palavras pronunciadas, aquelas que passam pelo crivo da censura e da conveniência, mas o pensamento era livre, e era ele, com toda essa liberdade, que queria captar. Com certeza passaria a entender o que estava acontecendo consigo, esclarecendo-o de vez.

Numa hora em que sua esposa estava só, calmamente sentada em uma confortável poltrona, daquelas que favorecem o desligamento da realidade presente pelo bem-estar que proporciona, ele aproximou-se devagarinho e receoso, como que temendo que ela o visse e o expulsasse da sua presença.

Com a cabeça recostada no macio espaldar da poltrona, e em atitude de recolhimento, ela mantinha os olhos fechados.

Qualquer um que a visse, supunha que passava por um momento de modorra a que são acometidos aqueles que já trazem o corpo cansado... Mas não, ela estava bem desperta e seu pensamento trabalhava muito, tanto que retornara no tempo, há tantos anos atrás, quando ainda tinha a seu lado aquele que escolhera para companheiro pelo resto da vida. Mas, afinal, tivera-o por pouco tempo, alguns poucos anos em que fora feliz, vendo seus anseios concretizados e seu coração cheio de esperanças.

Todavia, a realidade lhe fora muito cruel. Por que ele a fizera sofrer tanto? Não eram felizes com o que possuíam? Não tinham tudo o de que necessitavam? Por que ele fora tomado de tanta ambição e praticara aquele ato tão condenável, ainda mais contra os seus próprios familiares, aqueles que sempre o receberam como filho, por ser seu marido, e confiaram nele por não terem ninguém que lhes gerisse os bens depois da partida de seu pai?

Contudo, o que lhes fizera Djalma? O mais baixo e vil dos golpes e, quando perceberam, nada mais possuíam. E ele, dono de uma fortuna invejável, deu-se ao prazer de ter uma vida desregrada, para a qual trazia aquelas mulheres que visam aos altos lucros. Passara a frequentar as mesas mais caras onde o jogo era o divertimento dos infelizes, e, quando foi descoberto pelos familiares da esposa, muito pouco havia para ser recuperado.

Ele dissipara tudo nos prazeres momentâneos, deixara a família cheia de vergonha e de necessidades, e ferira profundamente o coração da esposa que o amava verdadeiramente.

Abatido e fracassado, sem ter mais uma família que o recebesse, foi decaindo cada vez mais, e, de encontro com a dura e cruel realidade por ele mesmo criada, entregara-se ao arrependimento e não se importou com mais nada.

O tempo passava e ele, impotente para qualquer reação, andava pelas ruas de léu em léu, sem um teto que o abrigasse, vindo a perecer da forma como perecera, sem que a esposa soubesse que agora era viúva.

Os filhos que foram tomando conhecimento da atitude do pai, não quiseram também saber dele, e, para não envergonhá-los mais do que já o havia feito, Djalma foi para outra cidade onde permaneceu até seus últimos momentos. E, sem saber como, talvez levado pelas lembranças e pelo arrependimento que elas lhe provocavam, vira-se, de um momento para outro, junto dos familiares, sem entender o que havia acontecido.

Ali, junto da esposa, ele reviu todos os acontecimentos que o envolveram, como se fossem suas próprias lembranças, acrescidas dos sentimentos que ela revelara, imaginando que ele tivesse recomposto sua vida ou ainda estivesse vivendo na vala profunda dos vícios e dos prazeres.

Através do seu pensamento, ele captava todas as recordações e incertezas do que poderia ter-lhe acontecido, ao mesmo tempo que muitas indagações iam tomando o lugar das lembranças. — Por que ele agira daquela forma? Não possuíam já o suficiente para terem uma vida de conforto? Teriam sido as mulheres que o levaram a praticar tal ato? Se isso fosse verdade, como se deixara levar por elas, uma vez que eram felizes no lar tranquilo que possuíam? O que acontecera para que ele tivesse mudado tanto, arrasando com a felicidade de um futuro feliz e seguro?

Acompanhando todos esses pensamentos, nem ele tinha as respostas para as perguntas da esposa. Nem ele sabia o que acontecera para ter feito o que fizera, esquecendo a segurança de um lar feliz por momentos fugazes de falsa felicidade.

Notava que sua esposa, alquebrada pelo sofrimento, mas ainda sendo alvo de muito amor por parte dos filhos, talvez por causa dessas recordações, não estava se sentindo bem. A sua presença tão junto dela, transmitia-lhe, sem que ele soubesse, um desconforto e um grande mal-estar.

Ela abriu os olhos, olhou em torno e chamou uma empregada da casa, pedindo-lhe que lhe trouxesse um chá, pois não estava passando bem.

Depois do chá, sentindo-se um pouco mais refeita, levantou-se e dirigiu-se a seu quarto onde se deitou, modificando seus pensamentos, esquecendo-se daquelas recordações que sempre lhe aprofundavam a tristeza do coração, e, depois de algum tempo, pelo efeito do chá, adormeceu.

Ele não a acompanhou. Ficou pela casa e pensava muito no que conseguira captar.

Recordações, ele as tinha e muitas, e constantemente, enquanto ainda encarnado, nos momentos de maior aflição e sofrimento, elas retornavam todas.

Até a um determinado ponto, quando eram felizes e cheios de esperanças, essas lembranças assemelhavam-se porque ambos viviam as mesmas sensações que o amor e a alegria de estarem juntos lhes proporcionavam.

Depois, porém, que ele, por iniciativa própria, transformara a sua vida levando muito sofrimento e muitas decepções à esposa e aos filhos, as recordações de cada um diversificavam. Era como dois viajantes felizes, que, num certo ponto da caminhada, precisaram separar-se. Um deles, não mais tão satisfeito com o caminho que percorria, começou a imaginar que, se tomasse outro rumo, poderia ser mais feliz, retornando depois ao encontro do companheiro, levando-lhe o resultado do que coletara na sua nova caminhada.

No entanto, nada saíra como imaginara. O caminho por onde penetrara, cheio de quimeras e atrativos tinha, escondidos à sua margem, o vício, a concupiscência, a luxúria, e o retorno foi muito difícil. Perdeu a companheira que lhe transmitia segurança, e nada mais possuía para lhe oferecer, nem em amizade, nem em confiança, nem em riquezas, e nunca mais foi aceito.

Ah, quanto errara! Agora ele tinha plena consciência do que fizera, da destruição que promovera em seu lar, das dificuldades que lhe deixou, sem que aquela que tinha o timão dirigido por pulso firme, soubesse o que havia acontecido, e as interrogações ainda persistiam em sua mente.

Mais tarde, aquela que fora sua esposa, levantou-se mais refeita, porque era hora dos filhos retornarem, e ela não queria que a surpreendessem na cama, para não lhes levar preocupações.

E Djalma continuava a perambular pela casa, a aproximar-se ora de um ora de outro, sem saber o que fazer de sua vida, até que compreendeu que já deveria ter deixado o seu corpo.

Para onde iam todos os que passam por essa contingência, se tantos partem da Terra diariamente e ele não via mais ninguém? Permaneceriam em suas próprias casas e continuavam a convivência com os que amaram, com os que odiaram ou foram odiados?

Não seria possível! Deveria haver um lugar que recolhia as almas de todos os mortos, um lugar onde elas ficassem tranquilas mas, fazendo o quê e até quando, ele não sabia.

Lembrava-se de ter ouvido falar do céu e do inferno, mas não sabia onde eram nem queria saber, pois, consciente do que fizera, se tivesse que ir para um lugar desses, certamente seria o inferno, e lá não era nada agradável, pelo que ouvira falar.

O melhor mesmo era permanecer ali, quietinho, e não se expor muito, pois que, se fosse apanhado, era para lá que merecia ir.

Com tantas indagações, incertezas e temores, a noite chegou, os filhos retornaram para o jantar e novamente saíram para atender compromissos, e sua esposa ficou só com a filha, às voltas com os preparativos para o seu próximo matrimônio.

Ela consultava a mãe quanto a um ou outro detalhe, discutiam outros e o tempo passou, até que aquela que fora sua esposa decidiu recolher-se. Explicou à filha que não passara muito bem aquele dia tão cheio de recordações, e desejava descansar para nada mais pensar, a fim de não mais sofrer.

CAPÍTULO 3

SABEDORIA DIVINA

Mais alguns dias aquele espírito permaneceu entre os seus, participando, como observador, das atividades da casa e interferindo, muitas vezes, nos pensamentos da esposa, fazendo-a lembrar-se de todo o sofrimento que fora obrigada a suportar, ou partilhando das suas recordações dos tempos felizes. E, sem perceber o que lhe ocasionava, ela andava passando mal. Passara a ficar mais quieta, mais entristecida e até um certo mal-estar físico inexplicável para ela, começou a preocupá-la.

O que estaria acontecendo que, ultimamente, todo o passado não saía de sua mente, causando-lhe um desconforto singular que a cada dia se acentuava, a ponto de permanecer mais tempo deitada, sem ânimo para nada?

Uma profunda indolência envolvia seu espírito, transmitindo ao físico a falta de ânimo, de coragem, que já preocupava os filhos, não obstante ela procurasse nada demonstrar.

A filha, porém, com quem mais estreitamente vivia por ter sempre requerido mais carinho e ter se visto sem o pai desde cedo, e ser a única menina, era muito dependente da mãe. Solicitava constantemente a sua opinião em relação às últimas peças do seu enxoval, à nova casa que o noivo preparava, e percebia que ela andava desanimada, e dava graças a Deus quando a filha resolvia algum detalhe por si mesma.

– Mamãe, a senhora não pode continuar desse jeito!

Vejo-a cada vez mais distante, trazendo uma preocupação na mente que se demonstra nas rugas de sua testa, mas não consigo saber o que é. Precisamos levá-la a um médico!

– Eu nada tenho para consultar um médico! Apenas um cansaço maior, um certo desânimo sem razão!

– É preciso ver o que é isso!

– Não se preocupe, filha, nem comente nada com seus irmãos, para não preocupá-los também. Se eu perceber que realmente estou precisando de uma consulta médica, serei a primeira a pedir. É do meu interesse não ficar doente. Mas sinto que nada há no meu físico!

– Então o que é?

– Eu não sei!

– Por isso preocupo-me! Meu casamento aproxima-se, desejo que esteja bem disposta, e comigo no altar. Depois viajarei por alguns dias e pretendo ir tranquila. A senhora sabe, não morarei mais aqui, apesar de continuar nesta cidade, e quero vê-la bem, por si mesma e por nós todos.

– Eu estou bem e no dia do seu casamento estarei no altar, como é não só do seu desejo, mas do meu também. Seu irmão mais velho a conduzirá e nós todos lá estaremos. Será um dia de muita alegria, mas não se esqueça, filha, o casamento não é só a felicidade dos primeiros dias! Muitos outros virão e terão que ser vividos, por isso, procure ser feliz, o mais possível, cuidando para que nunca nada estrague essa felicidade!

– A senhora está falando de si mesma, não está?

– Pelo que já vivemos e sofremos, temos muito medo de que nossos entes mais queridos sofram também.

– Eu amo meu noivo e sou amada por ele... Nada acontecerá!

– Também assim pensava, filha, e, de repente, tudo se transformou. A verdade é que não conhecemos as pessoas, não podemos adentrar seus sentimentos e propósitos, e nunca sabemos o que o outro está pensando ou planejando.

– Se nos deixarmos levar por esses pensamentos, ninguém mais construirá o próprio lar, com receio de sofrer. Se nos amamos, temos que tentar, e o futuro deixemos a Deus. Ele sabe o que nos está reservado!

– Deus não quer que nenhum de Seus filhos seja infeliz e não lhes reserva sofrimentos. Se essa infelicidade acontece, na maioria da vezes, é o resultado das próprias imprevidências. Faça sempre o melhor que puder para se sentir feliz e em paz, e para fazer também o seu marido feliz!

Ah, palavras sábias mas tão duras ao coração daquele que permanecia no lar sem ser visto nem percebido! Cada uma que a esposa pronunciava em advertência e aconselhamento à filha, mais culpado ele se sentia. Fora realmente o causador de toda aquela amargura que suas palavras revelavam, e do sofrimento que todos, naquele lar, passaram.

Desejava sair dali, mas não sabia como nem para onde ir, e temia ser apanhado porque estava consciente de que muito errara.

Se pudesse, gostaria de fugir para um lugar onde aquelas lembranças todas, agora comprovadas pelo que a esposa afirmava e demonstrava, pudessem ser retiradas por completo de sua mente.

Mas existiria um lugar assim, ou elas estavam como que insculpidas no seu espírito e ele teria que amargá-las para todo o sempre?

O que estava acontecendo consigo que fora abandonado? Deus não o teria visto? Não soubera que ele perecera naquelas torrentes bravias, e não mais existia como pessoa? Onde estava esse Deus que sempre ouvia dizer, cuidava de Seus filhos, e deixava-o tão abandonado, revivendo toda a sua vida minuto a minuto, ora influenciando a esposa, ora influenciado por ela?

Seria aquela situação um julgamento pelo qual deveria passar, como ouvia que aqueles que partem da Terra precisam enfrentar?

Se assim fosse, onde estava o julgador? Quem o julgava, se não havia ninguém em sua companhia nem ninguém lhe falava ou perguntava nada? Que julgamento seria esse que o deixavam só consigo mesmo?

Poderemos dizer que era, não um julgamento porque o Pai bondoso não mantém nenhum tribunal para julgar seus filhos, mas faz com que eles próprios, após muito pensarem, façam a apreciação de si próprios. Por isso Deus dotou cada filho Seu do julgador mais implacável, mais rigoroso e fiel, mas não representado por ninguém, porque faz parte do seu próprio espírito e está sempre alerta. Basta que cada um dê atenção a ele, siga o que melhor lhe indicar e, se passar pela vida ignorando-o, ao ver-se no Mundo Espiritual, terá que se deparar com ele da forma mais ampla, mais intensa e mais verdadeira. Esse julgador não admite subterfúgios, não aceita desculpas nem subornos, porque é a parte mais ilibada que compõe o nosso espírito e nos alerta constantemente – a nossa consciência!

Por que aquele homem, depois de tudo o que fizera, e por isso sofrera, da morte que tivera, fora parar de volta no seu antigo lar? Seria porque Deus estava desatento e ele, burlando qualquer vigilância, quis retornar junto dos seus?

Sabemos que isso não é verdade! Ninguém fica ao desamparo dos olhos do Pai e cada um segue o rumo que deve seguir, aquele que lhe será benéfico de alguma forma.

Como aquele irmão poderia avaliar todo o sofrimento que ocasionou, todas as lutas que os seus precisaram enfrentar, se junto deles não retornasse e acompanhasse as recordações da esposa, e se não a visse tão sofrida e amargurada?

Ele sabia avaliar o próprio sofrimento, arrependera-se do que fizera, mas não podia aquilatar a dor dos seus entes queridos, se não estagiasse junto deles por algum tempo.

Aparentemente ele estava só, sentia-se abandonado, mas ali estava com uma finalidade muito importante ao seu espírito: – Verificar, por si mesmo, o que havia feito, refletir nas suas responsabilidades, ter a consciência despertada para todas as verdades que seus familiares tiveram de enfrentar, e o que ele próprio perdera por atos inadvertidos de cobiça, de luxúria e gozos sensuais.

E para que outro julgador, se a própria consciência lhe apontava os erros e as suas consequências?

Tudo chegava ao ponto desejado. Sua consciência despertada estava em grande atividade, e ele não se sentia bem, só e abandonado como se encontrava. Temia ter que enfrentar uma vida de penas eternas, mas, ao mesmo tempo, desejava deixar aquele lar e ir para algum lugar onde se reuniam as almas daqueles que haviam deixado o corpo físico.

Na verdade muito sofrera, quase não desfrutara do resultado da sua má ação, pois, em pouco tempo dissipara, com aquelas que lhe davam prazeres momentâneos, tudo o que havia conseguido ilicitamente. E, atirado na sarjeta da vida, suportara humilhações, necessidades, e nunca conseguira reerguer-se. Nem ele mesmo procurara refazer sua vida. Ninguém mais acreditaria nele, e era na rua, ao desabrigo de um teto, só, que ele merecia ficar.

Durante todos aqueles anos passara privações, seu físico se debilitara, mas ia vivendo, até que aquela tempestade, com todas as consequências que a sua fúria trouxera, levara-o de vez deste orbe que lhe fora cruel por sua própria culpa. E ele reconhecia tudo isso, razão por que temia.

Seu corpo não existia mais, sua consciência lhe trouxera todos os seus atos, e ele estava temeroso, julgando-se ao desamparo.

O que deveria fazer entre os seus já o fizera, e agora precisaria retirar-se para não ocasionar mal-estar à esposa que havia sofrido muito por sua causa e não merecia continuar sofrendo.

Como ele não estava abandonado, mas dirigido para fazer o que lhe seria benéfico, mesmo sem ter esse conhecimento, e ainda não era o momento de ser recolhido para começar um refazimento ao seu espírito, viu-se, sem saber como, fora daquele lar.

Surpreso, pois não sabia como fora parar lá, agora se via fora dele, sem saber que rumo tomar. Consciente de toda a sua vida, deveria ter mais um tempo para pensar, até que ele mesmo, cansado de andar de léu em léu e completamente arrependido, rogasse a Deus a sua ajuda. Aí seria o momento de receber o auxílio de ser encaminhado a um lugar seguro onde o aprendizado desses novos direcionamentos ao seu espírito, preparando-o para futuras encarnações.

Sentindo a plena liberdade dos movimentos e do

caminho a seguir, Djalma ficou meio aturdido. O que faria com ela? Para onde se dirigiria? Nessas indagações, cheio de incertezas e insegurança, olhou para um lado, olhou para o outro, pensou e finalmente se decidiu.

Escolhera uma direção, entretanto, para quê? Onde aquele rumo escolhido iria dar? O que encontraria depois de muito caminhar?

Melhor seria se ainda estivesse na segurança do seu antigo lar, mas, se se vira fora dele, era porque lá não deveria permanecer mais.

Assim caminhou e não foi a lugar nenhum. Quanto mais andava, parecia-lhe ter escolhido o caminho que o levava para o nada.

O que aconteceria com ele? Ficaria para sempre perdido em brumas, sem saber quando era dia ou noite, vendo-se numa interminável madrugada, quando o sol, ainda sem despontar, anuncia que logo mais chegará? Ou seria o fim do dia, quando ele, cansado de exibir seu brilho, recolhe-se para seu esconderijo sem que a noite tenha se estabelecido por completo?

Ele sentia-se perdido de todos e de si mesmo, sem consciência de onde se encontrava e de que hora seria.

Depois de muito pensar, concluiu que, mesmo vivendo na indigência, esperando a caridade alheia e sem ter um teto que o abrigasse, vivia muito melhor. Pelo menos tinha consciência de quando era dia ou noite, e mesmo sem conversar com ninguém e ninguém se dirigir a ele, vivia entre as pessoas, estendia a mão para elas e recebia, das mais generosas, um óbulo que lhe permitia satisfazer um pouco a fúria do seu estômago vazio.

Agora não sentia fome e não precisava estender a mão à caridade, porém, se precisasse, a quem a estenderia se não via ninguém?

Assim perdido permaneceu muito tempo, até que o desespero tomou conta do seu espírito e ele chorou muito.

Sentado no chão, vivendo entre as névoas que o circundavam e sem nenhuma esperança no coração, ele dirigiu seu pensamento a Deus pela primeira vez e rogou ajuda. Implorou que Ele lhe mostrasse um caminho mais claro que o levasse a algum lugar, onde a esperança pudesse lhe dar alento para prosseguir, tão cansado estava do nada total.

Tanto pediu e clamou que, depois de algum tempo, sentiu o pousar de mão suave em seu ombro e virou-se, mas não viu ninguém.

– Quem está aqui? – clamava ele. – Ajude-me, pelo amor de Deus, que o meu desespero é muito grande. Mostre-me um caminho que me leve a algum lugar onde eu possa ser recolhido e auxiliado. Não aguento mais esta vida de solidão e desesperança!

Depois de muito tempo rogando em lágrimas, ouviu uma voz que lhe disse:

– Chegou a hora de você ser auxiliado! Era preciso que enfrentasse tudo o que tem enfrentado, para que pudesse aquilatar todo o mal que fez, não só aos outros, mas muito mais a si mesmo! Deus é bom mas precisa fazer com que seus filhos aprendam, e não há outra forma senão que eles o façam por si mesmos, quando outros meios falham. Ele nos deixou na Terra, através de seu filho Jesus, inúmeros recursos para auxiliar seus filhos a trilharem o caminho do bem, mas quando eles, inconsequentes, se afastam dele, é preciso fazer com que retornem por si mesmos, a fim de que não se percam nunca mais.

– Auxilie-me, pois, a reencontrar esse caminho, para que me refaça e não sofra tanto! Estou cansado de sentir-me abandonado!

– Você nunca esteve só, mas era preciso que assim se sentisse e, pensando em Deus, depois de pensar em todas as suas ações, implorasse ajuda, e foi o que aconteceu. Você será levado a um lugar seguro onde passará por um tratamento, a fim de ter condições de um aprendizado mais profundo, apoiado em suas próprias experiências, que é o melhor meio de realizá-lo.

– Para onde me leva?

– Deixe-se conduzir sem resistência e confie, mas antes vamos nos dirigir ao Pai para que Ele nos proteja e ampare, e para que você saiba exatamente o que está pedindo e o que deseja neste momento!

– Eu não sei orar!

– Basta que siga minhas palavras!

Deus de infinita bondade, Pai misericordioso, que não deseja ver nenhum de seus filhos perdido, auxilia-nos, neste momento de decisão tão importante, a recolher este teu filho que reconhece o quanto errou e implora a tua ajuda!

Faze, Pai, com que ele, depois de recolhido, reflita, não só no que fez mas no que está recebendo agora, a fim de transformar completamente a sua vida e começar a procurar outros rumos, não o da cobiça nem o da lascívia, mas aquele caminho suave e agradável que leva a Ti!

Ampara-nos, pois, para que o conduzamos com facilidade, e que ele seja dócil às suas prescrições, o único meio de se libertar de tanto sofrimento e ser um pouco mais feliz!

CAPÍTULO 4

UM TETO ESPIRITUAL

Ao término da prece, Djalma não mais se sentia como antes, tão desprendido se encontrava do ambiente que o circundava, e, em mais alguns instantes, perdendo totalmente a consciência de si mesmo, foi levado.

Para onde iria aquele irmão tão cheio de culpas e de arrependimento? Que lugar receberia aquele espírito que, em desespero, implorara a Deus que lhe mostrasse um caminho menos árduo, onde a esperança lhe pudesse dar um pouco de alento?

Existe, no Mundo Espiritual, mesmo que os encarnados não enxerguem e muitos não creiam, uma imensidade de locais aprazíveis, onde o Pai generoso recolhe seus filhos para que sejam cuidados com mais carinho, reflitam em todas as suas ações praticadas enquanto encarnados, não só as más, mas as boas também. Nesses locais eles se preparam para retornar um dia, em melhores condições espirituais, trazendo novos propósitos, ressarcindo débitos e purificando o espírito, que é a meta de todos nós, espíritos em busca de evolução.

Se tantas moradas há na casa do Pai, conforme dissera Jesus, uma havia que receberia com todo o carinho aquele irmão em desespero.

Desde que fora levado inconsciente, assim permaneceria por algum tempo ainda, período em que um tratamento lhe seria ministrado, mesmo à revelia do seu conhecimento, porque assim é que deveria ser.

Os irmãos abnegados em condição e desejo de auxiliar, cuidariam dele e, no seu despertar, já estaria tão bem que se surpreenderia sendo alvo das atenções que deixara de receber, após sua atitude tresloucada na Terra, e depois da sua vontade inerte de reagir.

Deus sempre dá muitas oportunidades a seus filhos e Djalma estava tendo a sua. Arrependera-se, muito sofrera, e rogara a Ele o seu auxílio. E esse Pai bondoso que nada nega aos que pedem com o coração, permitiu que ele fosse auxiliado.

Restava-lhe apenas, agora, apesar de ainda não ter a consciência plena do que havia acontecido, aguardar o seu despertar e prosseguir no seu refazimento.

Nessa situação Djalma passou muito tempo, tanto quanto havia passado desde que se vira fora do seu antigo lar até ser recolhido.

Para melhor entendermos, se lá retornarmos, saberemos que sua filha, naquela época, em preparativos para o seu casamento, já se casara e era mãe de duas lindas meninas que faziam a sua alegria, como fizeram a da avó, até que ela deixasse também o orbe terrestre e passasse para o Mundo Espiritual, trazendo o espírito mais burilado por tanto sofrimento e por tantas lutas empreendidas.

Assim, tanto Djalma quanto sua esposa se encontravam no Mundo Espiritual.

Ele ainda passava por tratamento profundo, mas

ela tivera o seu período de inconsciência bem mais curto. Fora recolhida logo após a desencarnação e, lúcida, promovia o seu aprimoramento através do aprendizado e de algum auxílio que já prestava aos mais necessitados que ela.

Aquela sua fisionomia de sofrimento e cansaço em que ele a vira quando esteve em seu lar, ela já a perdera toda. Agora trazia uma aparência mais serena e mais jovial, e andava tão ativa como o fora na juventude na Terra.

Ele, porém, ainda permanecia em sono profundo e em outro local, num posto de atendimento a espíritos que são recolhidos na Terra em condições mais difíceis, mas chegaria o dia em que seria despertado e prosseguiria a sua caminhada de espírito em refazimento, e o seria, mesmo desperto, muito mais lenta do que o fora a da sua esposa.

O importante era que ele estava sob o abrigo de um teto espiritual, tratado com carinho, e tudo o que lhe seria promovido, o seria em função do seu aprimoramento espiritual, através do aprendizado, da reflexão e do arrependimento. Se este, enquanto encarnado na Terra já tomava o seu coração, agora que o espírito se via livre do corpo, e que os sentimentos afloram com muito mais intensidade, seria maior. E a partir desse sentimento é que seria trabalhado e preparado para um novo retorno, quando chegasse a hora.

O tempo, no Mundo Espiritual, é o que menos importa, mas o que se faça dele no seu transcorrer. Que seja bem aproveitado em auxílio, em aprendizado, em recuperação, em aprimoramento, e que todo ele seja vivido com pensamentos nobres, voltados para Jesus e para nosso Pai Eterno.

Quando entenderam que Djalma estava preparado e que o momento era propício, promoveram o seu despertar, e ele, apesar de ter tido a consciência plena, antes de ser recolhido, de que já deixara o corpo, tão bem se sentia que não sabia mais o que havia acontecido.

Foram necessários alguns momentos, algumas explicações que o fizeram recordar, para que ele readquirisse a totalidade das suas lembranças e soubesse que já havia deixado a Terra, mas, há quanto tempo, não tinha noção.

Lembrava-se de tudo, do tempo que passara em sua casa, do período que ficara ao abandono de si mesmo, da ajuda que implorara a Deus, de uma entidade que se aproximara levando-lhe auxílio, e nada mais.

O período em que passara adormecido era-lhe uma incógnita, como se fosse um lapso imenso na sua vida, sem sensações, sem lembranças.

Percebendo tanta confusão em sua mente, advertiram-no de que ele deveria manter-se tranquilo, sem pensamentos preocupantes e sem pretender antecipar nada, pois que tudo viria a seu tempo.

Um novo tratamento passou a lhe ser proporcionado através de passes magnéticos, para a sua recuperação e completo fortalecimento e, em pouco tempo, ele se encontrava fora do leito.

Um pensamento, porém, rondava-lhe a mente com frequência, mas ele receava externá-lo temendo ser advertido pela inconveniência. Mas assim que a ocasião se fez, indagou da entidade que cuidava dele com mais frequência, onde estava, o que era aquele local, o que ele estava fazendo ali e o que o futuro lhe reservava.

Ele sentia-se com um passado que não soubera aproveitar, e com um futuro sem nenhum prognóstico.

– Se você tem as lembranças de tudo o que ocorreu, deve lembrar-se de que implorou a ajuda de Deus e Ele, entendendo que já a merecia, lha proporcionou. E tendo sido trazido para este lugar, é aqui que está sendo amparado. Quanto ao futuro, ainda não é o momento de preocupar-se com ele, uma vez que traz um passado no qual deve pensar ainda por muito tempo, pois, apoiado nele, é que seu futuro será delineado.

– Não estou entendendo! O meu passado já foi vivido, já sofri bastante por ele e preciso pensar no futuro!

– Todo o sofrimento pelo qual passou lhe foi benéfico para que refletisse e chegasse a ponto de implorar a ajuda do Pai, e serviu-lhe também de aprendizado. Porém, o mal que se faz sempre precisa ser ressarcido.

– Como?! Todo o meu sofrimento de nada valeu?

– Já o disse, valeu e muito! Mas para que demonstre que ele lhe foi realmente benéfico, terá de demonstrá-lo em nova experiência terrena. Aqui, as oportunidades de reflexão lhe são proporcionadas, o seu aprendizado é promovido, mas é partindo deles que uma nova existência lhe será preparada, e é na Terra que você irá demonstrar se o sofrimento lhe serviu de aprendizado.

– Pelo que pude entender, devo retornar à Terra, enfrentar novas situações e provar se estou realmente modificado.

– É isso mesmo. Mas, como disse, tudo vem a seu tempo, e ainda não é o momento! Seu aprendizado terá que estar bem consolidado em seu espírito para que haja menos probabilidade de novos erros. Você sabe que a Terra oferece ilusões e atrativos que iludem os mais despreparados ou indiferentes a tudo o que lhes foi ensinado, fazendo-os perder uma encarnação por não resistir a elas.

– Foi o que aconteceu comigo?

– Com certeza deve ter sido, mas não se preocupe com nada disso ainda! Procure refletir, aprender e preparar-se para quando o momento chegar! Este local é apenas um ponto de transição entre a Terra e outros locais para onde os espíritos são enviados, depois que a recuperação primeira se efetua.

– Então eu não vou permanecer aqui?

– Não! Ao chegar a ocasião, você será levado a uma colônia onde o seu aprendizado será efetuado com disciplina e planejamento, e, quando tiver condições, poderá também auxiliar os mais necessitados. Como vê, ainda muito tempo levará para que um novo retorno ao corpo material se dê!

CAPÍTULO 5

NOVOS PLANOS

O tempo transcorreu e, conforme o previsto, Djalma foi levado a uma colônia onde o seu refazimento se completaria.

Provocaram-lhe a inconsciência, necessária para que de um lugar logo se visse no outro, sem sentir a locomoção que ainda não lhe era permitido nem conveniente, e o tempo que não para, seguiu seu curso.

Ele despertou, passou pelas diversas fases da sua recuperação, estudou, aprendeu, conscientizou-se plenamente das falhas cometidas, preparou-se e prometeu ser diferente quando retornasse, e o momento de uma nova oportunidade chegou.

Nunca, nesse período, teve contato com a esposa que se encontrava também há muito tempo liberta do corpo, porém, em condições muito melhores que as dele. Mas era necessário que, antes de partir, um encontro entre ambos fosse promovido, para que nova planificação fosse organizada e, se ambos concordassem, o mal que ele lhe havia feito, seria ressarcido logo em seguida, numa nova experiência terrena em que ambos retornariam juntos.

Era do mais profundo interesse dele que ela concordasse, a fim de compensá-la de todo o sofrimento que lhe ocasionara. Entretanto, se ela não concordasse, se não quisesse se arriscar, temendo nova falência dele, nada seria promovido.

Depois de uma longa conversa efetuada com ela,

no seu recanto de paz e trabalho, ela concordou em lhe falar, sem, contudo, nada prometer.

Era preciso vê-lo, avaliar por si mesma como ele estava, os propósitos que trazia, a modificação que promovera de si próprio, para depois lhe dar alguma resposta.

Por ela mesma, se ele estivesse sinceramente arrependido, lhe daria nova oportunidade. Ela o amara muito e nova existência juntos, em novas condições, se o amor da parte dele pudesse ser revivido, ela aceitaria.

Ele a esperava no jardim, como era o conveniente, e ela para lá foi levada e deixada, para que ambos se vissem a sós e resolvessem por si mesmos, sem interferência nem a vigilância de ninguém.

Sabedor de que ela viria, ele andava de um lado para outro, às vezes cabisbaixo, às vezes procurando sondar todo o ambiente, até que, em uma dessas sondagens, quando se virou para retornar, deparou-se com ela, parada a certa distância, observando-o, receosa de se achegar.

A sua aparência estava bastante modificada, como se o tempo tivesse retornado e, na sua passagem de volta, fosse retirando do seu rosto o cansaço e a expressão de sofrimento e, do seu corpo, o enfraquecimento decorrente da idade e de tantos desgostos.

Com passos apressados, caminhou até ela um

tanto constrangido e, sem saber o que dizer, falou-lhe apenas:

– Você atendeu ao meu pedido!

– Precisava fazê-lo. Não deve haver recusa se dela vem o impedimento de verificarmos por nós mesmos o que desejamos saber.

– Isto quer dizer que você desejava saber como estou?

– Sempre nos interessamos por aqueles que fizeram, um dia, parte da nossa vida, sobretudo quando esse alguém se modifica e se afasta de nós.

– Você tem todo o direito de falar comigo como quiser, de acusar-me, pois eu mereço. Quem sabe assim eu possa sentir-me um pouco mais livre de tantas culpas.

– Reconhece, então, que não agiu direito comigo?

– Não só com você, mas com nossos filhos, que sei, muito sofreram pela ausência do pai e pela vergonha do que lhes fiz!

– Vejo que você se modificou!

– Tenho me esforçado, e o arrependimento dos meus atos tem me tirado a paz! Só me sentirei tranquilo no dia em que puder ressarcir o mal que lhes ocasionei, e eu possa ter o seu perdão. Não o que se pronuncia de lábios, mas aquele que será o resultado da sua aceitação em novamente me receber como seu esposo em nova experiência terrena, a fim de que eu possa demonstrar o meu arrependimento e compensá-la de tanto sofrimento.

– Reconhece, então, o quanto sofremos?

– Quando eu deixei meu corpo, estive em nossa casa, sem saber como, talvez levado por tantas lembranças que povoavam a minha mente, e vi com meus próprios olhos o quanto você havia sofrido. Acompanhei, muitas vezes, o seu pensamento, quando trazia, do armazém das suas recordações, lembranças tão tristes!

– Caminhemos um pouco, sentemo-nos, se você assim o desejar, e depois prosseguiremos esta conversa.

Djalma aceitou a sugestão, e ambos começaram a caminhar, em silêncio de início, depois trocaram algumas frases expressando a beleza do lugar assim como a paz que oferecia, até que se decidiram sentar.

O banco escolhido encontrava-se entre frondosas árvores, todas floridas exalando suave perfume, e a conversa interrompida antes da caminhada, foi retomada, com Djalma indagando:

– O que você pensa do meu pedido? Considera-o um atrevimento da minha parte, uma ousadia, depois do muito que sofreu?

– Ainda não tive ensejo de refletir sobre ele, nem devo fazê-lo com profundidade!

– Se você não pensar, nunca me dará uma resposta!

– Justamente porque desejo dar-lhe a minha resposta é que não posso pensar muito!

– Não entendo, o que quer dizer?

– Se eu refletir muito, estarei usando a minha razão, e aí a minha resposta será negativa, pois trarei para minhas reflexões tudo o que sofri! Se não pensar muito e ouvir apenas o meu coração, com todo o amor que ele sempre abrigou por você, eu aceitarei sem pestanejar, porque sempre o amei, ainda o amo e devo confiar. Como vê, encontro-me diante de dois caminhos, cada um levando-me a decisões diferentes, por isso não sei o que fazer!

– Não quero que aceite a minha proposta sem pensar, para que não venha a se arrepender depois! Entretanto, se ouvisse o seu coração, eu ficaria muito feliz, construiríamos um novo lar onde você seria a minha rainha, e eu, o seu súdito mais fiel e prestativo. Em nenhum momento eu a ofenderia, pelo contrário, tudo faria para apagar de seu íntimo todo o sofrimento que lhe ocasionei. É a única forma de me sentir redimido!

– Compreendo todas as suas intenções e propósitos, mas sei também, por tudo o que vivi e aprendi, uma encarnação é sempre um risco muito grande. Em chegando à Terra esquecem-se as promessas, e a busca da satisfação das ilusões faz com que trilhemos caminhos diferentes daquele que traçamos para nós mesmos, com os objetivos e promessas mais nobres.

– Tem razão, mas tudo o que diz eu já vivi e minha experiência foi muito triste. Com a dignidade, eu perdi tudo e vivi da caridade alheia, com o pensamento em você, em nossos filhos, arrependido e sem coragem para reagir.

– Sei disso que me foi esclarecido antes de eu vir para cá. Todavia, ainda receio! É uma espécie de jogo do qual vou participar, sem saber se vou ganhar ou perder!

– Será um jogo em que nós dois, os participantes, só ganharemos, não tenha receio!

– Não esteja tão seguro assim! Se eu aceitar, o farei consciente de que poderei perder novamente, mas, em pensando que perdendo diante da vida e do meu coração, estarei ganhando diante de Deus no ressarcir de meus débitos e no meu aprimoramento espiritual, eu nada terei a perder!

– Nada disso acontecerá! Diante de Deus seremos vencedores, não pela traição nem pela insensatez, mas por uma vida digna, onde o dever para com todos será a minha regra, e o meu amor por você, o meu alento!

– Dê-me um tempo! Já conversamos tudo o que era necessário, agora preciso pensar se devo ouvir o meu coração ou a minha razão!

– Se em qualquer um dos dois me colocar como aquele que, não obstante muito tenha errado está arrependido e quer se redimir, você decidirá a meu favor! Se me ama, como diz, não há no que pensar muito. Seja novamente minha doce e terna companheira, e faça de mim um homem digno diante de você e diante de Deus!

– Já lhe prometi que irei pensar! Você terá notícias minhas, o mais breve possível! Agora eu irei, e você poderá permanecer por aqui por mais algum tempo enquanto me vou.

– Farei o que você quiser, mas permita-me que, antes de partir, eu deposite meu beijo de arrependimento em suas santas mãos!

Caminhando devagar e refletindo em toda a conversa que tivera com a esposa, Djalma retornava para a sede da colônia que o abrigava.

Passou por muitos companheiros, mas parecia que não via ninguém, e só as suas preocupações e reflexões é que importavam.

Quando entrava, foi abordado por seu orientador mais constante, a fim de saber o resultado da entrevista.

Ele pouco tinha a narrar. Contou-lhe, em linhas gerais, a conversa que mantiveram, mas não podia dar-lhe nenhuma definição acerca da decisão dela.

Após terminar suas palavras, o orientador argumentou, dando-lhe algumas esperanças:

– Nada podia ter sido diferente! As palavras dela revelam o estágio em que se encontra, quando as decisões não são tomadas inadvertidamente, mas são o resultado de reflexão. Só assim, caso aceite, ela levará consigo o fortalecimento da convicção do que deseja realmente, e se você não cumprir o prometido e se deixar perder nas malhas das ilusões fugazes, ela terá forças novamente para enfrentar.

– Jamais me deixaria perder outra vez, depois de

tanto sofrimento – o suportado por mim e o ocasionado aos meus.

– Isto você diz aqui, neste momento, mas, em lá chegando, somos levados a praticar justamente muitos dos atos que pretendíamos evitar, deixando-nos arrastar pelos mesmos vícios que nos perderam um dia.

– Para que isso não aconteça é que tenho me preparado tanto!

– Eu compreendo e louvo seus esforços, mas, constantemente, aqui, nos vemos deparados com irmãos nossos que partiram cheios de esperanças, após tantas promessas e planos, retornando em condições lastimáveis por terem se afundado novamente nos mesmos vícios e chafurdado nas mesmas ilusões que destroem.

– Não me assuste dessa maneira!

– Você precisa conhecer todos os meandros através dos quais terá que se encaminhar, a fim de se fortalecer cada vez mais e evitar a recaída. Ainda carregamos muitas imperfeições, e, na Terra, elas afloram e pouco ouvimos a voz da consciência que nos adverte. Achamos que, como encarnados, temos o direito de usufruir de tudo o que ela nos oferece em atrativos, porque nos esquecemos de que a verdadeira vida é a do espírito, e lá estamos apenas para burilá-lo; esquecemo-nos de que a vida continua, de que o espírito é imortal, e imaginamos que, após aquela existência, tudo se acaba.

– Todos os que partem assim, falham?

– Se assim fosse, de nada adiantaria o nosso trabalho aqui, nem as oportunidades que Deus oferece. Dentre todos os que vão, sempre há os que absorveram bem os ensinamentos aqui transmitidos, lembram-se de Jesus e pautam suas vidas tendo-o no coração e nas suas ações. Progridem bastante, tanto pelo ressarcir de débitos quanto pela aquisição de virtudes, auxiliando os mais necessitados e sabendo suportar, com entendimento e resignação, as adversidades que fazem parte dos resgates que levaram para efetuar.

– Assim quero proceder!

– Querer já é um grande passo, mas precisa muito mais!

– Diga-me, então, de que preciso?

– Você já tem aprendido muito, mas o importante é que leve, cristalizado no espírito, todo o aprendizado realizado, todas as experiências vividas, todas as promessas feitas, indo além, se possível, sempre pautado pela correção de caráter que dá margem às boas atitudes, esforçando-se, lutando, aprendendo sempre e cada vez mais, trazendo constantemente Jesus no coração.

– Eu entendo, meu amigo! Penso que já progredi bastante em conhecimento, imagino que já esteja preparado para enfrentar nova existência, mas o senhor deixou-me preocupado.

– É nosso dever advertir os que daqui partem, para

que se fortaleçam cada vez mais e lembrem-se sempre das nossas palavras, como um censor que levará na sua consciência.

– Agradeço por tudo o que me disse, e prometo refletir muito mais, pois terei algum tempo. Minha esposa não me deu a sua resposta, e até que ela o faça, caso aceite, me prepararei ainda mais!

– Dos bons propósitos é que advêm as vitórias!

Mais alguns dias passaram, Djalma continuou aguardando sem saber como a resposta da sua esposa da última existência terrena lhe chegaria, até que um dia foi chamado em presença do mentor da colônia.

Ignorando o que o aguardava, compareceu perante tão amorável figura, no horário que lhe foi determinado e, recebido com muito carinho, foi logo colocado à vontade.

– Imagino que não saiba o que o trouxe aqui, por isso vejo-o preocupado. Entretanto afirmo-lhe, o assunto que trataremos é do seu mais absoluto interesse e o deixará feliz.

– Não tenho ideia do que seja, mas estarei pronto para fazer o que me for determinado!

– Nós, aqui, não determinamos, mas aconselhamos e orientamos dentro do que sabemos o que será melhor para cada um dos que estão sob nossa guarda; mas a aceitação ou não ficará por conta deles.

– Apesar de muito ter errado, irmão, e justamente por ter consciência disso, tenho me esforçado para fazer o melhor, e se algum aconselhamento me for dado, só terei a agradecer, porque sei, será para o meu bem, para o meu aprimoramento.

– Na verdade, não temos, em princípio, nenhum conselho, mas uma notícia para lhe dar. O aconselhamento, se necessário, virá depois dela.

– Estou há muitos dias aguardando a chegada de uma notícia e, sem saber de que modo me chegará, não sei se o que o senhor tem a me dizer é o que estou esperando.

– Acredito que sim, pois temos conhecimento de tudo o que se passa, mas permitimos o que é salutar e benéfico e sabemos da conversa que manteve com sua esposa.

– É a respeito dela que me falará?

– Sim! Ela mandou-nos uma comunicação dizendo que, após muito pensar, e apoiada ainda nos sentimentos que nutre por seu querido amor, apesar do que houve na última encarnação em que estiveram juntos, ela lhe dará nova oportunidade, aceitando a sua proposta de novamente se reunirem na Terra, recebendo-o como seu marido.

– Bendita seja ela que atendeu meus rogos!

– Você deve saber a responsabilidade que está assumindo, desejando retornar em nova experiência terrena com quem muito ofendeu!

– Tenho pensado muito, preparei-me bastante e penso que desta vez não haverá os problemas que já houve. Quero ressarci-la de tanto sofrimento, redimindo-me perante ela e perante Deus, que sempre permite novas oportunidades a seus filhos.

– O Pai sempre é bom e dá tantas oportunidades quantas seus filhos necessitam, mas nós é que erramos, nós é que reincidimos, esquecendo-nos de tudo o que aprendemos e prometemos.

– Tudo farei para que isso não aconteça!

– Bem, diante da aquiescência da sua esposa, vamos providenciar sua nova planificação para desenvolver na Terra; depois, ela será submetida à sua apreciação para que veja se está ao alcance da sua capacidade de realização, e a aprove ou não; em seguida promoveremos a preparação mais específica ao seu retorno.

– Eu não a encontrarei mais?

– Não será necessário! A programação que lhe fizermos será também apreciada por ela, uma vez que estará incluída. E, além da redenção que terão de realizar em conjunto, mais da sua parte que da parte dela, cada um levará resgates particulares de débitos assumidos separadamente, conquanto da união de ambos advirá o auxílio mútuo que cada um necessitará por sua vez.

– E eu, o que farei enquanto isso?

– Continue a fazer o que vinha fazendo até aqui, mas agora com o pensamento voltado ao que pretende, procurando fortalecer cada vez mais suas convicções e promessas, para que haja menos possibilidade de erro, quando se encontrar na Terra.

– Eu tenho pensado muito, sobretudo no que tenho aprendido e no que tenho sido advertido, e já trago, bem fortalecidas dentro de mim, as minhas convicções e esperanças.

– Assim espero, mas continue até que o chamemos novamente para expor-lhe o plano que lhe será organizado, e viva, daqui para a frente, refletindo em tudo o que já fez, com vistas a evitar que aconteça o mesmo! Pode ir na paz que Deus deseja seus filhos tenham!

CAPÍTULO 6

NOVA OPORTUNIDADE

A planificação para Djalma foi sendo organizada, tendo em vista sua última encarnação com todos os deslizes praticados por ele em relação à esposa, à família e a si mesmo, como pontos principais. Mas, a par dela, outros resgates foram sendo incluídos, de caráter particular, que vinham de outras existências.

Em relação à sua esposa, poderemos dizer o mesmo quanto a débitos anteriores à existência que compartilhara com ele, mas o que passaria, muito a auxiliaria a saldá-los. Para isso ela foi consultada e aceitou totalmente, dizendo que, se se dispusera a acompanhá-lo nessa nova experiência, pelo muito amor que lhe dedicava e que vinha de tempos imemoriais, era para ajudá-lo. E com ele estaria, mesmo na vida simples e cheia de dificuldades que preparavam para ele, auxiliando-o a entender e a valorizar o que se tem, sem vistas ao que não nos pertence.

Djalma nasceria numa família pobre e muito cedo seria solicitado a contribuir com a sua parcela de ajuda, para que a fome não lhes corroesse os estômagos vazios, o que era também uma prova muito difícil a que ele seria submetido. Se soubesse e conseguisse manter-se íntegro, lutando pela sobrevivência e, pelo esforço e aprendizado, conseguisse melhores condições de vida, sempre pautado pela correção de caráter e atitudes ilibadas, muito progrediria pelo ressarcir de débitos e pelo aprimoramento espiritual, o que é promovido pelas ações nobres, mesmo nos meios mais carentes.

Sua esposa o acompanharia nas lutas e teria o seu quinhão, tanto de auxílio para com ele como de recompensa para consigo mesma, e, não obstante sabendo das lutas ingentes que teria de empreender, estava feliz e ansiava por auxiliá-lo.

Dentro dessas linhas gerais a planificação ficou pronta. Em relação à esposa, nenhum empecilho haveria porque ela fora consultada antes de qualquer iniciativa, para que trabalhassem num terreno firme, esperando dele fruto viçoso e saboroso.

Quando entenderam que poderia ser colocada à apreciação de Djalma, ele foi novamente chamado à presença do mentor, que lhe discorreu em minúcias o que poderia conhecer e, após a sua conclusão, ele a considerou extraordinária. Era exatamente o de que precisava para provar que se encontrava modificado e pronto para enfrentar as lutas que adviriam.

Consciente de suas necessidades, não tinha dúvidas de que a realizaria com sucesso e retornaria, quando o seu tempo na Terra se completasse, feliz dos louros que havia conquistado. E, mais feliz ainda por se encontrar redimido diante da esposa que, bondosamente, apesar de tanto já ter sofrido por culpa dele, aceitara acompanhá-lo novamente e junto com ele lutar ingentemente para auxiliá-lo, ele não a decepcionaria.

Ouvindo todas essas suas afirmativas, o mentor satisfez-se, mas não com tanto entusiasmo, porque sabia, o que se promete no Mundo Espiritual, embora com uma preparação intensa, nem sempre se cumpre quando se chega à Terra.

A prova de Djalma seria grande e se fixaria mais, justamente no ponto em que ele falhara, – a ambição – e o mentor não deixou de lembrá-lo desses detalhes todos, como mais um alerta.

Ele, entretanto, não tinha dúvidas e, junto da esposa que se dispusera a acompanhá-lo, seria um vencedor.

Agradecendo o mentor por terem organizado um plano abordando exatamente as arestas que tinha necessidade de aparar, quis saber quando retornaria.

– A sua preparação mais direcionada ao de que necessita para o retorno, começará dentro de mais alguns dias, dando-lhe mais tempo para que pense em tudo o que conversamos, no plano que realizamos, e vá se fortalecendo para pô-lo em prática com segurança, com denodo, com coragem, em lá chegando, para que não venha a falhar.

– Eu não falharei, irmão! Se na minha volta tiver a felicidade de novamente ser trazido para este local e encontrá-lo, quero depositar em suas mãos, os louros da vitória.

– Esses louros, se conseguir, só a você pertencem. Que Deus o abençoe em todos os seus propósitos e o fortaleça para concretizá-los com sucesso!

Completados os dias que entenderam como suficientes para que Djalma refletisse um pouco mais, agora fundamentado no plano que levaria para cumprir, foi convocado para aquela preparação mais específica e voltada para o seu iminente regresso à Terra.

Sua esposa ainda demoraria alguns poucos anos para segui-lo, período em que ela, já de posse do conhecimento do que a aguardava na Terra, e sem saber o que resultaria da parte que caberia ao marido, fortalecia-se, encorajava-se e prometia a si mesma que o ajudaria em tudo o que fosse possível.

A família que recebe um ser para uma encarnação é muito importante. Sempre é escolhida aquela com a qual o espírito reencarnante já tem algum vínculo, seja de compromissos, seja de amor, ou ambos, como acontece frequentemente, pois junto do amor que reúne os seus membros, devido às imperfeições que cada um carrega, débitos são contraídos e precisam ser ressarcidos.

Como sabemos que débitos adquiridos na Terra, na Terra têm que ser ressarcidos, uma encarnação é uma grande oportunidade ao espírito, desde que aquele corpinho que ele anima dá o primeiro vagido, vê o primeiro raio de luz, para não dizermos da sua importância desde que é trazido para junto daqueles que o receberão como filho, no momento da concepção.

Já dissemos que devido às circunstâncias em que Djalma viveu na sua existência anterior, aos compromissos assumidos por não ter sabido conduzir-se corretamente, ocasionando muito sofrimento aos seus, desta vez ele renasceria num lar onde a necessidade era uma constante, e as dificuldades eram grandes até para uma alimentação adequada.

O lar para onde ele seria levado já fora escolhido e fazia parte da sua planificação, por compromissos assumidos com aquele que seria seu pai, não na sua última existência, mas numa anterior. Ambos haviam sido comparsas em atitudes menos dignas. Reunidos como companheiros e amigos, retiravam dos que muito possuíam, para satisfazer a cobiça que traziam no espírito, manifestada através do desejo de posse de bens materiais que lhes proporcionassem o conforto não merecido naquela existência.

O desejo de sempre possuir mais, mesmo prejudicando e usurpando, fazia parte do espírito de Djalma. E agora, juntamente com aquele que um dia lhe fora orientador e companheiro das mesmas ambições, se reuniria novamente numa circunstância de ingentes necessidades e privações, como teste que poria de vez à prova se seus espíritos haviam progredido um pouco, conseguindo desfazer por completo todos os compromissos assumidos num passado de suas vidas de espíritos imortais.

Não desejamos, com estas explicações, dizer que ambos, agora reunidos na pobreza, não tivessem o direito de lutar para terem uma vida melhor, que isso é próprio do espírito de cada um. Deus aprova o esforço que seus filhos fazem para progredir também materialmente, no orbe terrestre, mas quer que o façam com pureza de espírito, com correção de caráter, com honestidade. E esse Pai bondoso, àqueles que assim procedem, concede o que eles tanto desejam, como recompensa das lutas empreendidas com esforço próprio, sem o prejuízo de nenhum de seus irmãos.

Passada a preparação necessária, Djalma espírito foi trazido para iniciar uma nova encarnação. Quando se encontrava preparado para ver a luz com os próprios olhos, deixou o aconchego do ventre materno e mostrou-se completamente liberto, mas ainda muito dependente daquela mãe que já o amava, não obstante se preocupasse bastante porque seria mais alguém para compartilhar com eles das privações a que eram submetidos.

O pai, sem profissão, tinha dificuldade de conseguir um emprego fixo e seguro, que lhe proporcionasse um salário para prover o sustento dos seus.

A mãe, com três filhos, não tinha com quem deixá-los para sair e também realizar algum trabalho. Mesmo assim se encarregava da roupa de duas ou três famílias, lavando-as e passando-as no próprio lar, para poder cuidar das duas filhas que ainda eram pequenas. Obrigada a interromper o seu trabalho por algumas semanas, quando aquele que fora Djalma estava prestes a chegar, e agora, até que ela se fortalecesse novamente, a dificuldade era maior, e justamente num período em que precisava de uma boa alimentação para produzir o leite necessário ao recém-nascido.

As famílias para quem ela trabalhava adiantaram-lhe algum dinheiro que ela economizava ao máximo, porque sabia, lhe faria falta depois, quando fosse descontado.

A chegada de uma criança a um lar onde o conforto é regra, sempre é de muita alegria, mas naquele era de preocupações. Era sempre uma boca a mais para alimentar e um corpo a mais para vestir.

Os primeiros dias foram de muitas dificuldades para aquela pobre mãe, mas o amor que já dedicava ao filhinho dava-lhe o alento para prosseguir.

A solidariedade humana que sempre se faz presente nas horas de dificuldade, ajudava-a na pessoa de algumas vizinhas que se revezavam na realização das tarefas domésticas e nos cuidados com a mãe, ainda impossibilitada de realizá-las.

Com esforço, dedicação e responsabilidade, logo ela se encontrava em pé, fazendo pequenos serviços e cuidando do bebê que chegara, desobrigando um pouco as vizinhas que a socorreram.

O marido pouco parava em casa, andando pela rua em busca de algum trabalho para fazer, em troca de alguns trocados que pudesse trazer para o lar.

Desde que seu filhinho nascera, ele estava mais contente e mais diligente. Quando se encontrava junto da família, olhava-o com ternura, feliz pelo primeiro homem que nascera naquele ninho doméstico... Entretanto, às vezes, mesmo na simplicidade da sua pouca cultura, mas com os sentimentos enternecidos por aquele serzinho que lhe chegara, olhava-o e pensava: "Eu já o amo tanto, mas o que tenho eu para oferecer-lhe, senão dificuldades, miséria, privações? Gostaria, meu filho, de lhe dar tudo o que você merece receber pela alegria que está me trazendo, mas nada tenho de mim, nem uma ocupação efetiva possuo! Receio que você irá sofrer por minha culpa, mas que poderei fazer se nunca encontro um trabalho?"

As irmãs estavam encantadas com o bebê, como se fosse um brinquedo que elas ganharam, pois nunca tiveram nenhum que não fosse resultado da doação de algumas patroas de sua mãe, quando seus filhos já não se interessavam mais por ele, ou quando o abandonavam por estar quebrado. Aquele que chegara era diferente, pois, além de irmãozinho, era alguém com quem elas poderiam brincar.

O tempo foi passando, o bebê crescendo entre todas essas dificuldades que ainda ignorava, pois o leite materno, conquanto não tão substancioso como deveria ser, alimentava-o.

Logo já estava andando e balbuciando as primeiras sílabas, e, com o transcorrer do tempo, mesmo em meio às privações e esforço dos pais, começava a aprender as primeiras letras.

As irmãs que já frequentavam a escola e estavam orgulhosas de poderem levar o irmão, também o ajudavam em casa. E querendo fingir que eram a professora, passavam-lhe pequenas lições que ele realizava feliz.

O progresso que fazia era evidente, destacando-se entre seus colegas, mesmo entre os que vinham de famílias com menos dificuldades, e cujos filhos não tinham problemas para receberem uma alimentação mais adequada.

O primeiro ano terminou, o segundo, o terceiro, e assim, obteve o seu diploma do curso elementar, com visível destaque entre os demais. A escola onde estudava, e que não mantinha nenhum curso complementar, nada mais pôde oferecer-lhe.

Prosseguir os estudos, seria difícil para ele. Só o conseguiam aqueles que pudessem pagar outros colégios, pois a obrigação do Governo, de facilitar a base para que todos tivessem condições de frequentar outros cursos, já estava cumprida. E se não as tivessem, não estariam ignorantes do mínimo necessário para viverem sem tanta dificuldade.

Flávio, esse foi o nome que o garoto recebeu ao nascer, desejava continuar, mas os pais não tinham condição e ele sabia disso.

A mãe lamentava nada poder fazer para satisfazer o desejo do filho, uma vez que o resultado do seu trabalho e do de seu marido, era insuficiente para as necessidades primeiras da casa.

Suas irmãs, Cláudia e Marina, como mais velhas,

já haviam concluído também o curso básico há algum tempo, e procuravam um lugar para trabalhar e terem um pouco mais de conforto, aquele que as jovens, cheias de ilusões e vontades, queriam ter satisfeitas.

Procuravam e procuravam diariamente, mas retornavam para casa sem nada conseguir.

Elas tentaram evitar, de início, trabalhar em casa de família, mas como nada estavam encontrando, decidiram que até essas lhes serviriam, e pediram à mãe que falasse com as senhoras de cujas roupas ela cuidava, na esperança de obterem alguma indicação.

Com esforço, perseverança e bastante vontade, as duas conseguiram uma colocação para ajudarem nas tarefas domésticas. Não era exatamente o que desejavam, mas foi o que conseguiram e sentiram-se felizes assim mesmo. Quem sabe um dia ainda teriam algum emprego melhor?

Flávio, às vezes, saía com o pai quando ele realizava pequenos serviços, e até o auxiliava, mas ainda não realizava nada por si mesmo.

– Logo também quero ter meu dinheiro, papai! Se não puder continuar meus estudos agora, talvez ainda o possa mais tarde, e aí eu o ajudarei bastante, quando conseguir o meu diploma e tiver um emprego que dê um bom salário.

– Que Deus o ouça, filho, mas sabe que o que ganhamos mal dá para comer!

– Mas não será sempre assim! Se pudesse trabalhar

já, eu juntaria algum dinheiro e voltaria a estudar.

– Nada é tão fácil assim! O dinheiro em nossa casa é sempre tão pouco, que não dá nem para as despesas. Juntá-lo, para nós, ainda é um sonho que não conseguimos realizar.

– Por que há tantas pessoas que têm tanto, papai, e nós nada temos? Por que passamos tanta miséria, temos vontade de possuir tantas coisas e não podemos, enquanto outros têm tudo o que querem? É só desejar ter alguma coisa, pegar o dinheiro e comprar, enquanto nós, muitas vezes, vamos dormir com fome!

– Não sei, filho, algum motivo deve existir! Deus não daria tanto a uns e nada a outros, se não tivesse a sua razão!

– Mas não é justo!

– O que sabemos nós da justiça, ainda mais da Justiça Divina?

– Não entendo nada do que o senhor está dizendo!

– É bom não pensarmos em nada disso e irmos vivendo a vida que Ele nos permite! Quem sabe algum dia teremos nossa recompensa!

– Como?

– Isto eu não sei, mas não devemos ficar apegados a esses pensamentos!

O garoto não compreendia o que se passava, mas olhava sempre com olhos cobiçosos o que os outros possuíam, ainda mais que seu espírito guardava as lembranças da abastança de que desfrutara na encarnação anterior. Flávio não tinha esse conhecimento, mas sabemos que é assim que acontece, sobretudo quando débitos foram adquiridos justamente naquilo de que se vê privado.

Entre dificuldades e privações as mais das vezes, um pouco menos de miséria em outras, principalmente depois que as duas filhas começaram a trabalhar, alguns poucos anos passaram.

Flávio já era um adolescente de dezesseis anos, e suas irmãs, uma com dezoito e a outra com vinte, ainda realizavam o mesmo trabalho. Tinham muitos anseios que não podiam concretizar, e esperavam, já em idade de se casar, encontrar rapazes (um para cada uma, como dignos maridos) que as fizessem felizes e lhes dessem uma vida de um pouco mais de conforto. Ele, entretanto, fazia também, como o pai, pequenos serviços e não mais pudera retornar aos estudos. Nenhuma oportunidade melhor se lhe apresentara, e ele já estava conformado.

CAPÍTULO 7

LUCRO CERTO

Depois desses anos todos de muito sacrifício e privações, um outro problema começou a surgir no seu lar.

Sua mãe, que sempre tanto trabalhara e era a mais sacrificada pois, muitas vezes, renunciava à própria alimentação para deixar para os filhos, agora andava meio adoentada.

O enfraquecimento orgânico era visível em suas ações, e ela não estava mais conseguindo cuidar das roupas das famílias para as quais trabalhara durante muitos anos. Nem as obrigações domésticas, tão poucas pelo pouco que possuíam e pela casa tão simples onde moravam, ela podia realizar.

Dinheiro para uma consulta médica estava muito difícil, mas uma das senhoras para quem ela trabalhava há muitos anos, vendo o seu estado, penalizada, fez questão de encaminhá-la a um médico.

Os exames foram realizados, e constatada foi uma enfermidade muito atroz que lhe corroía as entranhas. Em vista da sua debilidade aparente e do mal diagnosticado, ela foi proibida de realizar qualquer serviço e aconselhada que permanecesse no leito. Que seguisse à risca a prescrição que ele lhe passara, não obstante soubesse que nada além disso poderia ser feito, a não ser lhe proporcionar um mínimo de bem-estar possível, até que o momento supremo lhe chegasse.

Nessas condições, a situação do lar piorou muito. A pobre senhora não mais podia realizar os serviços domésticos, e necessitava de alguém que os fizesse e ainda cuidasse dela, cuja falência física era percebida a cada dia.

Uma das filhas foi obrigada a deixar o emprego. Flávio e o pai precisaram empenhar-se mais e até imploravam que lhes dessem algum trabalho, a fim de levarem um pouco de dinheiro para casa.

Cansado do sofrimento e da miséria, o pai de Flávio, numa manhã em que deixavam a casa à procura de um serviço que lhes rendesse algumas moedas, disse ao filho:

– Esta noite que passou não dormi um instante. Estive pensando muito e, sem encontrar nenhum meio para resolver o problema tão grave que estamos enfrentando em nosso lar, com sua mãe precisando de medicamentos e uma alimentação melhor, embora ela de nada tenha vontade, só vi uma solução para este momento que enfrentamos. Se você me ajudar, a pôremos em prática hoje mesmo e levaremos para casa algum dinheiro.

– De que se trata? Que solução é essa que lhe parece tão simples e rendosa de imediato?

– Rendosa pode ser, mas não é tão simples, além de muito perigosa!

– Fale, pois! Se deseja a minha ajuda, eu devo saber!

– Sinto constrangimento, mas não há outro meio! Nem sei que palavra usar para expressar o que me ocorreu fazer, mas nenhuma há que a substitua e eu preciso falar: só nos resta roubar, filho!

- Roubar, papai?!

- Sim! Deus que vê nossas dificuldades, nos perdoará!

- E como o faremos? É muito perigoso!

- Ainda não sei! Precisamos andar por aí em busca de alguma oportunidade. A que se apresentar, nós aproveitaremos sem pestanejar. Não deveremos ficar juntos! Cada um fará o serviço por sua parte, desligado do outro.

- Não será fácil e poderemos ser presos, se formos descobertos! O desgosto que levaremos à mamãe, fará com que seu estado de saúde ainda piore mais.

- Precisamos arriscar! Se não formos presos, levaremos dinheiro para casa.

- Eu não saberei como fazer!

- Tudo se aprende e com o tempo se aperfeiçoa! Vamos nos separar já, e cada um fará o que deve sem se comunicar com o outro. Assim que um serviço desses for efetuado, nos encontraremos em casa.

- Será difícil, mas tentarei!

Cada um tomou rumos opostos. O jovem embrenhou-se pela movimentação de transeuntes da cidade, e entre eles observava, vendo o que poderia fazer. Da mesma forma seu pai procedia, mas num ponto bem diverso e distante do filho.

Não lhes era fácil nem sabiam como fazer. Roubar sem serem percebidos precisava da habilidade que eles não possuíam; assaltar sem temeridade precisava da coragem que lhes faltava. Pelo menos se houvesse um jeito de fazê-lo sem que ninguém visse, eles não pestanejariam.

Num canto de rua movimentada, encostado à parede para não atrapalhar a circulação de transeuntes, havia um homem vendendo alguns objetos de bastante procura, e já deveria, àquela hora, ter acumulado algum dinheiro.

Fazendo algumas indagações, demonstrando interesse pelos objetos que ele vendia, Flávio aproximou-se, entabulando conversa; ao final, encostou-o à parede à força e fê-lo entregar, sob ameaça, o dinheiro que já havia recebido pelas vendas.

Temeroso e sem ação, o vendedor obedeceu, e o jovem, com o dinheiro na mão, penetrou entre as pessoas que passavam, andando apressado; na primeira esquina virou, e escondeu-se num canto de parede até passar o perigo. Após algum tempo, tomou o rumo de casa, sem ainda saber o quanto levava no bolso.

Com o pai aconteceu o mesmo. Vendo um vendedor descuidar-se por um instante da caixinha onde colocava o dinheiro recebido, ele a tomou, pegou o dinheiro e, colocando-o no bolso, jogou a caixinha fora. Em pouco tempo também chegava à casa, encontrando já o filho.

A pobre mãe, vendo-os chegar tão cedo, indagou se eles haviam tido, naquele dia, a sorte de encontrar algum trabalho, e eles, retirando o dinheiro do bolso, lho apresentaram.

– Hoje tivemos muita sorte e trouxemos um bom dinheirinho. Amanhã nós a teremos também, e não passaremos mais miséria. Você terá tudo o de que precisar e logo ficará boa! – explicou-lhe o marido.

Um pouco de alegria adentrou aquele lar mas, mesmo assim, precisavam ser parcimoniosos e pensar no dia seguinte.

Para Flávio e o pai, deveriam gastar tudo no que tinham necessidade, pois lhes asseguravam que, no dia imediato, a sorte continuaria com eles, e novo trabalho bastante rendoso também conseguiriam.

O que eles haviam feito com temor, cuidado e certo escrúpulo, no dia seguinte prosseguiu e nos outros também, até com mais ousadia. Consideravam-se já bastante aptos para continuar sem nunca serem descobertos.

Pensar em procurar trabalho, na incerteza de consegui-lo ou não, nunca mais. Por que perder tempo com o que poderia não acontecer?

A mãe de Flávio continuava cada vez mais enferma, mais enfraquecida, mas pelo menos medicamentos e alimentar-se com o que tivesse vontade e desejo, ela podia, conquanto, com o passar dos dias, seu estado de saúde piorasse.

Mesmo na sua condição, o seu raciocínio era lúcido e ela sentia-se feliz e agradecia a Deus que os estava ajudando naquela contingência tão difícil. É a recompensa divina por tantas privações que passamos, que resolveu, ao menos nos meus últimos dias de vida, favorecer meu marido e meu filho com algum trabalho mais constante e mais rendoso.

Nem de longe imaginava o que eles estavam realizando.

O gosto que tomaram pelo que faziam crescia cada vez mais, e um dia Flávio, quando ele e o pai saíam de casa pela manhã, disse-lhe:

– O senhor nunca pensou que estamos nos arriscando diariamente por quase nada?

– Por que quase nada? Todos os dias levamos para casa o suficiente para darmos um pouco mais de conforto à sua mãe, e nós próprios suprirmos as nossas necessidades. Não vamos desistir!

– Quem falou em desistir, papai?

– O que quer dizer, então?

– Falo em modificar o nosso modo de trabalho! Arriscamo-nos diariamente por muito pouco! Tenho pensado em trabalho maior, mais rendoso, daqueles que se realiza uma vez apenas e fica-se sossegado por muito tempo.

– É muito arriscado, filho! É preciso muita habilidade!

– Esta, já a estamos adquirindo todos os dias em cada trabalho que realizamos. Não sinto mais dificuldade, e realizo a minha parte com destemor e muita capacidade!

– Eu também me sinto assim! O que era preocupação, no início, agora é coragem!

– Pois então! O que estamos esperando para trabalhar com o que nos proporcionaria resultados muito melhores?

– Ainda não é o momento, filho! Imagino que essa sua ideia seja boa, mas precisamos pensar em sua mãe e não nos arriscarmos demais. Assim damos a ela a impressão de que estamos conseguindo trabalho diariamente, como resultado da ajuda que Deus nos está dispensando, em virtude da nossa necessidade, agora, ser muito maior!

– E quando será esse momento?

– É lamentável o que vou dizer, mas sabemos, para a nossa maior infelicidade, que sua mãe irá nos deixar sem muita demora. O seu estado de saúde agrava-se a cada dia e ela não terá nenhuma chance de recuperação, devido ao mal que lhe debilita o físico, apesar de lhe estarmos proporcionando bons medicamentos. Alimento, você tem visto, ela recusa todos. Por isso, não devemos dar-lhe esse desgosto agora, caso algum mal venha a nos acontecer, como resultado da ação que praticarmos.

– Nada nos acontecerá; já tenho pensado num plano que não deve falhar!

– Qualquer plano, por melhor que seja, pode apresentar falhas! O imprevisto pode acontecer e sermos presos em flagrante delito. Você sabe que quem entra numa empreitada, deve saber que poderá ser vencedor, mas também poderá perder, e agora não é o momento de perdermos nada. Já é suficiente o que perderemos, em breve tempo, sem podermos fazer nada!

– O senhor tem razão! Esperemos, então, e, enquanto isso, eu irei aperfeiçoando o meu plano para sermos bem-sucedidos.

Algum tempo mais transcorreu. A situação enfrentada no lar, sobretudo por aquela que definhava a olhos vistos, agravou-se, e uma tarde, quando pai e filho retornaram para casa, assim como a outra filha que permanecera no emprego, não a encontraram mais com vida.

Serenamente, no meio da tarde, ela partira para sempre, sem demonstrar nenhum desassossego, nenhuma aflição, por isso a filha que lhe fazia companhia após o término das obrigações domésticas, mesmo ao seu lado, nada percebeu.

Imaginando que ela estivesse dormindo, e como se demorava para acordar, tocou-a, e viu que ela já havia partido...

Apesar daquele momento ser esperado, causou-lhe um grande choque e ela começou a gritar. Algumas vizinhas acorreram, mas nada mais podiam fazer senão consolar os familiares.

Passada a surpresa, depois de acalmar-se, tendo presenciado o sofrimento da mãe sem nenhuma esperança de recuperação, ela conformou-se, dizendo de si para consigo: "É muito triste perdermos o ser que sempre nos deu alento e muito amor, no lar, mas nas condições em que mamãe se encontrava, a sua partida foi uma bênção de Deus que se lembrou de retirá-la de tanto sofrimento. Não devemos, pois, entristecer-nos, mas compreender e agradecer por Ele tê-la levado consigo."

Quando os ausentes da casa chegaram, a surpresa foi grande e também lamentaram muito a perda daquele ser que tanto amavam e que não desejavam ver sofrer.

No dia seguinte os funerais foram realizados sem nenhum problema financeiro, pois Flávio e o pai, naquele dia, haviam trazido para casa o suficiente para as despesas.

Quando o corpo foi enterrado, o pai, em conversa com o filho, afastado das filhas, comentou:

– Veja quanto bem fizemos em realizar, nestes últimos tempos, o que vínhamos realizando. Pudemos proporcionar à sua mãe tudo o de que ela necessitava, e até no momento final teve um enterro decente, sem que tivéssemos que recorrer à caridade alheia.

– O senhor está certo! Agora, logo poderemos pôr em prática o plano que realizei, e conseguiremos muito mais. A mana não precisará mais trabalhar fora, teremos conforto e poderemos até nos mudar para uma casa melhor.

Não haviam eles se entregado àquele trabalho tão comprometedor para seus espíritos, apenas para proporcionarem à enferma um pouco mais de conforto? O motivo pelo qual eles se embrenharam no caminho tortuoso da delinquência, não havia terminado? Por que novos planos e mais ousados, para prosseguir? Não seria o momento de retornarem ao trabalho que realizavam antes, evitando se comprometerem ainda mais?

Entretanto, nisso eles não pensavam mais. O constrangimento primeiro passara, a habilidade havia sido desenvolvida e eles queriam prosseguir.

Haviam pensado, em algum momento, que aqueles que lesavam, também poderiam estar precisando muito do dinheiro que auferiam do seu trabalho honesto? Se eles tinham tanta necessidade e penetraram na senda do crime, aqueles que trabalhavam honestamente também deveriam ter as suas, quiçá piores que as deles. Nisso eles nunca pensaram, mas apenas na satisfação dos seus desejos, dando como motivo a enferma que possuíam no lar.

Não passam tantas pessoas aqui encarnadas neste orbe de provas e resgates, por situações semelhantes e até mais graves, sem se desviarem do caminho correto da dignidade de atitudes?

Por que eles se lembraram de levantar dinheiro do modo mais fácil, não obstante perigoso, sem enfrentarem as dificuldades da falta de um trabalho para realizar?

Quando aquele ser que partira soubesse do que eles faziam, não estaria muito mais feliz se tivesse lhe faltado o medicamento e a alimentação mais substanciosa, sem ver aqueles que amava comprometidos pelo vício?

E por que desejavam prosseguir dentro de planos mais ousados, imaginando já a vida que teriam ao pô-los em prática, sendo bem-sucedidos?

Não imaginaram eles que poderiam ser descobertos e presos pela polícia, levados a julgamento e à prisão, deixando ao desamparo as duas jovens, além da vergonha que lhes daria?

Não prefeririam elas também terem menos conforto material e poderem desfrutar da companhia do pai e do irmão, uma vez que nem a da mãe possuíam mais?

Aqueles que enveredam pelo caminho do crime, ficam enceguecidos e só veem as vantagens que podem auferir sem pensar em mais nada.

E mesmo supondo que durante toda a vida passassem ilesos diante da justiça terrena, e desfrutassem de todo o conforto que o vício lhes poderia proporcionar, como estariam diante de Deus e da sua justiça?

Como estariam seus espíritos, sobretudo o de Flávio, que sabemos o quanto havia se preparado e prometido não mais falhar? Não concordara ele que a difícil prova pela qual teria de passar seria um auxílio para mais rapidamente saldar os débitos adquiridos em encarnações pregressas, principalmente na anterior em que falhara justamente no campo da ambição, da cobiça e da falta de escrúpulos, ao lesar os seus entes mais caros?

CAPÍTULO 8

AMBIÇÃO DESMEDIDA

Nada como o tempo para acomodar situações e trazer ao coração a serenidade perdida por circunstâncias adversas que envolvem, neste orbe de sofrimentos, os espíritos em redenção.

O tempo foi passando e aquele lar foi tomando seu ritmo antigo.

Durante dois ou três dias após o sepultamento da mãe de Flávio, ele e o pai permaneceram em casa, sem executar nenhum daqueles trabalhos que passaram a realizar ultimamente, levados, como se justificavam a si próprios, pela premência em que viviam, desejando proporcionar um pouco mais de conforto à mãe.

Depois, porém, até que se decidissem a dar início à outra fase desse trabalho, cujos planos já haviam sido elaborados por Flávio, eles retornaram àquela modalidade mais simples, mas que lhes rendia o suficiente para as despesas diárias, sem muita economia.

Enquanto isso, aprimoravam o plano, pois, se fosse bem executado, lhes daria um resultado bastante promissor. Até o local onde o colocariam em prática pela primeira vez, estava sendo estudado.

Constantemente paravam a certa distância da casa que seria o alvo daquela ação nefanda, estudavam as possibilidades de nela penetrarem sem muito arruído e, com a maior facilidade, executarem o trabalho e retornarem para o lar, levando o resultado que esperavam.

Por que justamente aquela casa fora escolhida?

Alguns detalhes que conheciam dela prognosticavam-lhes uma ação bem-sucedida. Era habitada por um casal de velhos, que diziam, guardava em casa uma grande quantia de dinheiro, acumulada ao longo do tempo. Não tinham nenhum herdeiro porque o único filho que possuíam, havia morrido sem ter se casado.

Chegar até eles não seria difícil, mas precisavam saber onde esse dinheiro ficava guardado. Com certeza, para quem tanto possuía sob as próprias vistas e guarda, um bom cofre deveriam ter. Algumas de suas propriedades, ultimamente, estavam sendo vendidas, e o cofre deveria estar recheado.

Eles olhavam a casa por todos os ângulos, e verificaram que dois cães a protegiam, mas a Flávio e ao pai não ofereceriam perigo.

Na noite marcada como sendo a da execução do trabalho, logo após terem se deitado, o pai, simulando certas dores e algum mal-estar, solicitou ao filho que o conduzisse a um hospital, onde ele pudesse ser atendido e aliviado.

Os instrumentos de que necessitariam, já haviam sido colocados num local bem escondido para não gerar nenhuma suspeita, e assim saíram tranquilamente, deixando as irmãs preocupadas.

– Nada de mais grave acontecerá! Com um medicamento e algum tempo para que faça efeito, eu retornarei para casa bem. Não esperem, por isso, que eu retorne logo! Enquanto não estiver sem dor alguma, não voltarei. Podem ir dormir sem preocupações!

– Tememos pelo que já aconteceu à mamãe e não queremos perdê-lo também!

– Não me perderão! Nada do que eu sinto é semelhante ao mal de sua mãe.

Os dois retiraram-se e logo pegaram todo o material escondido, que não era muito. Algumas ferramentas para o arrombamento, uma substância para silenciar os cães para sempre, e duas máscaras para que nunca pudessem ser reconhecidos, se fossem surpreendidos pelos velhos.

Nada pretendiam fazer contra eles, mas uma arma que os protegesse e pudesse rendê-los à sua vontade enquanto realizavam o serviço, Flávio portava, e serviria até para obrigá-los a revelar onde se encontrava o dinheiro, caso tivessem dificuldade.

Assim preparados, eles dirigiram-se ao lugar pretendido, e começaram por silenciar os cães que logo se aproximaram, ao perceberem que estranhos rondavam a casa.

Com certeza os donos da residência despertaram pelo latido dos animais, mas logo, não ouvindo mais nada, tranquilizaram-se e novamente dormiram. Isto sempre acontecia, até quando alguém passasse muito rente à grade de ferro que protegia a propriedade.

Usando das ferramentas que haviam levado, conseguiram entrar na casa pelos fundos, e olhavam de canto a canto, andando vagarosamente, em absoluto silêncio, sem nada verem que lhes chamasse a atenção como sendo o cofre tão desejado.

Onde estaria ele?

Se estivesse colocado no quarto do casal, seria muito mais difícil, mas como esperavam também essa possibilidade, estavam preparados para enfrentá-la.

Pé ante pé caminhavam procurando, mas nada encontravam.

Nenhum objeto, nenhum utensílio, nada lhes interessava a não ser o dinheiro que não identifica, que não traz dificuldades ao ser utilizado.

Passaram por algumas dependências e só faltava o quarto dos velhos. Ao tocarem na porta, o velho despertou e, assustado, indagou:

– Quem está aí?

Sem resposta, eles abriram-na e entraram, enquanto o velho, embora amedrontado, se levantou e acendeu a luz, deparando-se com os dois, irreconhecíveis pelas máscaras, mas o seu receio maior era que Flávio disparasse a arma que portava.

Sua esposa, pelo acender da luz, também despertou, abriu os olhos, e vendo aquela horrível cena, apavorada, começou a gritar. O pai de Flávio, porém, imediatamente correu até ela, tapando-lhe a boca, ao mesmo tempo dizendo-lhe:

– Não lhes queremos mal algum! Nada lhes faremos se abrirem o cofre! É apenas isso que desejamos!

Flávio, por sua vez, completou as palavras do pai:

– Espero não ter que usar esta arma, se cumprirem o que lhe pedimos! Entretanto, se não nos obedecerem, seremos obrigados a procurar por nós mesmos, mas antes teremos de silenciar a ambos! Para o próprio bem de vocês, colaborem, que nada sofrerão, e não demorem muito que não temos tempo a perder.

Amedrontado pelas ameaças e por aquelas presenças, o velho, trêmulo e quase sem ação, foi até uma das paredes do quarto, e, retirando um quadro que a enfeitava, deixou transparecer o cofre.

Flávio, ao seu lado, enquanto o pai se ocupava da velha, comandou:

– Agora abra!

Vacilante, mas premido pelas ameaças, ele abriu-o, deixando ver o seu interior abarrotado de dinheiro.

Com uma das mãos segurando a arma, Flávio foi retirando, com a outra, tudo o que pôde e enchendo os bolsos; depois que nada mais cabia em sua própria roupa, foi jogando os pacotes ao pai, perto da velha, que ia, também, guardando em seus bolsos.

Seu pai poderia até sair dali que a velha não ofereceria mais perigo pelos gritos, pois, de tão assustada, havia perdido os sentidos, mas ele, preocupado com a ação do filho, não percebera.

Assim que os dois se deram por satisfeitos, ainda sob a ameaça da arma até deixarem o quarto, saíram correndo pelas mesmas dependências que haviam percorrido ao entrar, e ganharam a rua sem olhar para trás.

Flávio, apressadamente, escondeu a arma nas próprias vestes, os dois retiraram as máscaras, rapidamente viraram a primeira esquina e, caminhando com naturalidade, chegaram à casa um pouco antes do amanhecer.

As filhas, assim que os ouviram chegar, levantaram-se, indo ao encontro do pai para saber como ele estava, se havia melhorado.

– Nada mais senti, não se preocupem! Vocês já deveriam estar dormindo, logo o dia amanhecerá e nada descansaram.

– O senhor também não descansou, e nós estávamos preocupadas!

– Pois vão se deitar e aproveitem o resto da noite para dormir, que eu farei o mesmo!

– Eu ficarei com o senhor, papai! A dor pode retornar, e eu saberei como fazer, que o médico me explicou!

– Está bem, filho, você se deitará ao meu lado!

Os dois fecharam-se no quarto enquanto as filhas iriam tentar dormir, e lá, foram retirando dos bolsos e colocando sobre a cama, todos os pacotes do dinheiro apurado no assalto.

– É uma boa quantia, papai! Valeu a pena!

– Com todo o trabalho que já realizamos, e mesmo se continuássemos por muitos anos ainda, nunca chegaríamos a esta importância!

– O que faremos com tanto dinheiro?

– Ora, você que arquitetou o plano para o conseguirmos, não tem um plano para ele também?

– Todos nós temos muitos planos, sempre, mas precisamos ser cuidadosos para não sermos apanhados. Com certeza o velho avisou a polícia e nós corremos perigo!

– Perigo, nenhum, filho! Nunca ninguém irá desconfiar de nós!

– Se formos cuidadosos, não, mas se sairmos por aí, gastando bastante, nós que nunca tivemos nada, levantaremos suspeitas.

– Quero comprar uma casa confortável e mudar deste lugar. Temos direito a uma vida melhor sem tantos sacrifícios!

– O senhor imagina que esta importância já é suficiente para o que deseja?

– Talvez não, temos nossas despesas diárias, mas vamos juntando!

– Não podemos realizar outro trabalho desses logo em seguida. A polícia ficaria em nosso encalço. Precisamos esperar um tempo e, quando não tiver mais perigo, faremos outro do mesmo tipo. Enquanto isso, vou observando, vou me informando, e organizando novo plano. Agora já será bem mais fácil!

Planos eram organizados com o dinheiro alheio. Aqueles que lutaram e foram bem-sucedidos na vida pelo acumular de bens, de grandes importâncias, seriam alvos dos olhos gananciosos dos dois que não se conformavam em nada possuir, esquecidos de que, se assim viviam, era assim que seus espíritos necessitavam.

Os que ainda não conseguiram desfazer-se de antigos vícios, sempre a eles retornam, mesmo que muitas encarnações passem. Apesar de se prepararem, de prometerem e de reconhecerem que a planificação que lhes é elaborada no Mundo Espiritual, é justamente a de que necessitam, não só para o ressarcir de débitos, mas para a sua completa modificação, a fim de nunca mais se deixarem emaranhar nas teias das máculas que trouxeram para serem dirimidas, em aqui estando, tudo é esquecido.

As antigas tendências retornam, se não se mantiverem firmes e lutando contra as imperfeições e consigo mesmos para não se atirarem no atoleiro do vício, vindo novamente a cair. E, em vez de levarem o espírito despojado de débitos, acumulam-nos mais, deixando perder a sacrossanta oportunidade que o Pai lhes concede.

Entretanto, aqueles que aqui se encontram não pensam em nada disso e lutam para conseguir o que desejam, não pelos recursos que Deus aprovaria e até os ajudaria se os entendesse merecedores, mas procuram os meios mais fáceis, mesmo que para isso prejudiquem e usurpem o que os outros conseguiram através de sacrifícios.

Flávio que retornara para resgatar débitos, estava penetrando num mundo perigoso, justamente aquele que deveria evitar se conseguisse cumprir bem a sua planificação, a que lhe daria, diante de Deus, os créditos da compreensão, da paciência, da resignação, e, com certeza, o ajudaria através das próprias lutas que empreendesse com propósitos nobres, a ter uma vida melhor.

Mas não era nisso que ele pensava, ainda mais que, para tornar mais proveitosa aquela encarnação, nascera no lar daquele que um dia lhe fora comparsa e com o qual adquirira muitos débitos. A oportunidade era alvissareira, não só para o que lhe era pai mas, da união dos dois, como prova pela qual deveriam passar, demonstrando que agora seus objetivos de vida eram outros, os dois se uniram novamente e estavam retornando à realização daquilo em que, um dia, foram exímios.

Deus, porém, que tudo vê e tudo sabe, que oferece a seus filhos tantas oportunidades de trilharem o caminho do bem, vê-os afastarem-se cada vez mais por realizarem o contrário do que Ele prescreve como salutar para seus espíritos.

Flávio e o pai deixaram algum tempo passar, tiveram notícia de que um assalto muito ousado havia sido realizado numa residência da cidade, sabiam que a polícia procurava os responsáveis, mas sabiam também que ela nada estava conseguindo, deixando-os felizes da eficiência com que trabalharam.

As irmãs de Flávio, Cláudia e Marina, não compreendiam muito bem a ocupação do pai e do irmão, ultimamente tornando-se muito rendosa. Eles explicavam que desde que deixaram de procurar trabalho e começaram a realizar pequenos negócios, passaram a ter muita sorte. Os negócios cresciam cada vez mais, e logo aquela que ainda trabalhava fora, não mais precisaria fazê-lo.

Explicado lhes foi que eles estavam juntando dinheiro para comprarem uma casa melhor e se mudarem daquele bairro de tantas misérias.

Eles acenavam-lhes com uma vida de mais conforto, roupas melhores, e elas, entusiasmadas como o são todas as jovens que sonham, nem imaginavam o que o pai e o irmão realizavam.

Algum tempo passou e, quando perceberam que a polícia parecia ter dado por encerradas as buscas dos assaltantes, eles acharam por bem realizar outro trabalho.

– Já tenho tudo muito bem arquitetado, a residência escolhida entre tantas que vinha investigando, e não vai haver problema algum! Depois poderemos começar a procurar a casa que desejamos comprar.

– Para quando será, filho?

– Deixarei esta decisão ao senhor!

– Você precisa levar-me para ver o lugar onde vamos trabalhar, para que eu possa estar mais apto a fazer a minha parte!

– Eu o levarei, todo o meu plano lhe será explicado, e depois o senhor marcará a data! Não precisamos esperar mais nada!

Estabelecido o plano, escolhido o lugar, decidida a data, nada mais os impediu de realizar o que esperavam, lhes daria uma certa independência econômica para fazerem o que desejavam.

Flávio considerava as suas investigações muito mais importantes que o próprio trabalho em si, pois que de uma boa planificação, resulta um trabalho de sucesso.

Para não preocupar as irmãs e não precisar tornar a dizer que o pai não passava bem, fizeram diferente. Deixaram-nas dormir e, com todos os instrumentos preparados para cada detalhe da operação, cuidadosamente saíram de casa.

Se fossem surpreendidos na volta, aí sim, Flávio lhes diria que levara o pai a uma consulta, pois as dores haviam retornado. Caso contrário, cada um tomaria seu leito sem nada dizer nem justificar. Era assim que esperavam acontecesse para a tranquilidade de todos.

Se no primeiro trabalho caminhavam pé ante pé, com todo o cuidado e observando muito, o destemor já fazia parte de seus espíritos, e eles cumpriram o planejado com bastante facilidade. Desta vez a casa escolhida estava vazia dos donos e não houve dificuldade.

O trabalho foi executado e, para não gerar desconfianças, fecharam a casa com cuidado, assim teriam o tempo necessário até a volta dos donos da casa, sem que fossem chamados por alguém que a visse aberta, aumentando o perigo de serem apanhados.

Ao chegarem à casa, nada foi diferente do que esperavam, e Flávio, antes de se dirigir ao seu quarto, entregou ao pai todo o resultado da sua parte, para que ele, depois de contar, juntasse com o outro e avaliasse se já era suficiente para a compra da casa.

Excitados pela ação praticada e pelos bons resultados colhidos, nenhum dos dois conseguiu dormir naquele resto de noite.

Pela manhã, levantaram no horário habitual e, ansioso para ter uma conversa com o pai e saber do real resultado do trabalho realizado, Flávio convidou-o para sair.

Diante da irmã, disse que soubera de um negócio

que lhes poderia render um bom lucro, e desejava que ele visse se valia a pena.

Longe dali, Flávio perguntou ao pai o montante do trabalho da noite.

– Foi um bom resultado, filho! As notas todas eram de alto valor, e renderam-nos bastante.

– Já temos o suficiente para a compra da casa?

– Temos e podemos procurar uma das muito boas!

– Era isso que eu queria! Estou cansado da nossa casa miserável, do nosso bairro pobre! Morando num lugar melhor, seremos respeitados.

– Podemos começar a procurar!

– Com dinheiro nas mãos, encontraremos logo, mas vamos procurar bem longe daqui, para que nenhum vínculo fique com este lugar! Nossos conhecidos não entenderiam a nossa ascensão e geraria suspeitas.

– Faremos como deseja! Você, apesar de tão jovem ainda, demonstra ser muito mais experiente que eu!

– Precisamos comprar roupas boas para o momento do fechamento do negócio. Como ninguém nos conhece nos meios onde pretendemos morar, não precisam saber de onde viemos!

– Se alguma indagação houver quanto ao montante do dinheiro, poderemos dizer que acabamos de receber uma herança de parentes distantes daqui, e desejamos empregá-la o mais rápido possível.

– Veja, papai, como tudo parece a nosso favor! Temos tido sorte no nosso trabalho e até as ideias de como devemos proceder, fluem com abundância!

– Devemos nos manter em casa o maior tempo possível, nestes primeiros dias, evitando suspeitas.

– Quem iria suspeitar de nós? Ninguém nem imagina o que fazemos. Podemos trabalhar sossegados!

– Por enquanto, sim, mas nunca se sabe o que pode acontecer! Não se esqueça de que devemos dar satisfações a suas irmãs também!

– Com elas não haverá problemas, são ingênuas e estão entusiasmadas com a possibilidade de terem uma vida melhor!

CAPÍTULO 9

VIDA NOVA

Ao retornarem para casa, novas esperanças faziam parte dos anseios mais profundos de Flávio.

Ele sempre morara com os pais, suportara privações, respeitara a mãe e se aliara ao pai; vira-se impedido de prosseguir os estudos, e, aparentemente, era conformado.

Seu íntimo, porém, abrigava anseios de uma vida melhor, de mais conforto, de mais oportunidades, num local sem tanta miséria, mas as possibilidades lhe faltavam e ele não via como fazer com que esses anseios se tornassem realidade.

Depois que decidiu, aliado ao pai, começar o trabalho que lhes dava um lucro diário, sua mente também começou a trabalhar, e viu novas oportunidades de realizarem um trabalho maior, mais arrojado e muito mais rendoso, não obstante mais arriscado.

Ele estava certo, pois em tão pouco tempo, em apenas duas tarefas, já poderiam mudar completamente de vida, não em relação às oportunidades de grandes lucros, mas no que lhes cerceava o desejo de conforto, de se vestirem bem, de se alimentarem melhor e morarem numa casa boa num lugar mais diferenciado.

Esse era o primeiro anseio que se cumpria, embora com recursos conseguidos de forma inadequada, e que aos olhos do Pai eram de grande compromisso. Contudo, nisso ele não pensava, mas sua mente trabalhava para querer mais e sempre mais...

Passados os primeiros dias, começaram a procurar a casa para comprar, num lugar oposto ao que moravam, num bairro não muito central da cidade, mas onde aqueles que desejavam viver com conforto, sem a conturbação própria das grandes cidades, construíam suas casas com o requinte que o dinheiro abundante lhes proporcionava.

Era óbvio que não iriam ocupar-se de nenhuma construção, até pela falta de capacidade de gerência, mas muito mais pela pressa que tinham de se mudar.

Por sorte encontraram, entre aquelas construídas com o carinho em que cada detalhe era estudado e examinado com cuidado, uma cujos proprietários tiveram necessidade de mudar de cidade, e colocaram-na à venda, como quem se desfaz de um bem muito precioso.

O preço era alto, mas compensador. Eles não possuíam toda a importância que fora pedida, mas como não faltava muito, o resto foi negociado para um prazo que lhes daria, folgadamente, para executar outra tarefa sem muitos atropelos, e saldar o compromisso que ficava.

Eles haviam sonhado alto demais, e a casa exigia também muito dinheiro para a sua manutenção. Até criados seriam necessários para que estivesse sempre bem cuidada.

Móveis para o seu interior, eles teriam que comprar todos, mas pensavam já em novo trabalho para isso e sonhavam.

As duas jovens, quando avisadas da transação que realizaram, exultaram de alegria e não indagaram como eles haviam conseguido, aceitando as justificativas do pai e do irmão, entusiasmadas com a nova vida que teriam.

Um pedido foi feito às jovens: que nada comentassem com as vizinhas sobre a mudança, nem para onde iriam.

Quando chegasse a hora, diriam apenas que se mudariam de cidade para junto de parentes que poderiam auxiliá-los mais.

As duas, conquanto guardassem os comentários só para si mesmas e os fizessem apenas dentro de casa, estavam entusiasmadas com a possibilidade de andarem bem-vestidas, de morarem num lugar melhor.

Até em um casamento promissor elas passaram a pensar. Nunca se deram muita atenção, sempre vestidas com roupas muito simples e rotas, apesar de limpas, mas se estivessem bem vestidas, com os cabelos bem tratados, descobririam que eram bonitas e poderiam despertar a atenção de algum jovem bem posicionado e que lhes desse, além do amor com o qual todas as jovens sonham, uma vida de conforto.

E com esses sonhos e esperanças, elas não pensaram em nada mais, a não ser no dia da mudança, com todas as consequências que esperavam, lhes traria. Embora a pressa que gera ansiedade fizesse parte dos sentimentos das duas irmãs para que a mudança se efetuasse, Flávio e o pai pediam calma às duas.

O mais difícil já estava conseguido, mas a transformação que se operaria em suas vidas seria grande demais, e muita preparação deveria ser realizada. Muitos detalhes deveriam ser estudados, e, com vagar, verificando cada um, eles iriam deixando a casa em ordem e preparando-se intimamente para se adaptarem ao meio onde viveriam.

Era óbvio que apenas a mudança para uma casa com todo o conforto, num local onde só moravam pessoas de uma classe mais privilegiada, não lhes daria a *finesse* para viver como eles.

Todos teriam roupas melhores, até criadas para ajudá-los, mas sempre seriam os mesmos. Com o tempo, e esforço próprio, poderiam melhorar bastante, mas nenhuma transformação se opera de um minuto para outro, apenas porque o exterior se modificou, e eles teriam de conviver com essa nova situação.

Não passou pela mente de nenhum deles de voltar a estudar, aprimorando a educação com todas as facetas que apresenta, mas apenas desfrutar das facilidades que teriam.

Cláudia e Marina pensaram num bom casamento, sem se lembrarem de que para estarem bem ajustadas às famílias dos jovens que as escolheriam, se assim ocorresse conforme desejavam, elas deveriam, em primeiro lugar, ter uma educação mais aprimorada.

Não lhes faltariam roupas boas, casa confortável e bonita, que isso tudo chama a atenção num primeiro momento. Mas depois, apesar de bonitas, elas não tinham uma boa educação para demonstrar, nem cultura que pudesse manter uma conversação no mesmo nível daqueles que residiam naquele bairro.

Atraídos pela beleza que ambas revelavam, eles se aproximariam, mas, e depois, conseguiriam permanecer por muito tempo?

Todos eles, tão simples e ingênuos, pensaram logo em se colocar entre aqueles que auferiam grandes rendimentos mensais à custa de trabalho, sem se lembrarem, em nenhum momento, de se promoverem ao nível cultural daqueles com os quais conviveriam.

Sabemos que a cultura é o acúmulo de conhecimentos adquiridos ao longo de uma vida, através do estudo, da observação acurada e das experiências vividas, mas eles nada disso possuíam.

Nunca saíram das quatro paredes de sua miserável casa, e a experiência de vida que traziam era muito triste e bastante limitada, pois se referia às lutas que empreendiam sem nenhum resultado satisfatório, como a enfermidade que enfrentaram no lar. E agora, depois que começaram a auferir grandes importâncias com o resultado das atividades que passaram a desempenhar, nada também podiam comentar, para não porem tudo a perder e irem parar numa prisão, deixando Cláudia a Marina totalmente ao desamparo, além da vergonha que lhes daria.

Todavia, dentro dos sonhos e esperanças que traziam sem muitas reflexões, foram preparando a casa, comprando móveis e utensílios e levando-os aos poucos já do próprio local onde os adquiriam, e a casa estava quase pronta.

As roupas pessoais que compravam, iam trazendo para casa, para que, ao deixá-la, pelo menos saíssem com alguma mala na mão, sem levar mais nada, pois diriam às vizinhas que, para onde iriam, os parentes já possuíam tudo e de nada dali precisariam. Depois, o transporte ficaria muito caro e a qualidade do que tinham, não compensava. Se elas achassem que alguma coisa que deixavam, lhes poderia ser de serventia, assim que eles saíssem, poderiam retirar da casa.

Todos os planos foram muito bem estabelecidos, e não podemos negar, apesar da falta de cultura, da pouca experiência de vida, eram inteligentes, sobretudo Flávio. Demonstravam essa inteligência nos planos que formulavam para a atividade que desempenhavam, até então de muito sucesso, apesar do grande compromisso que assumiam diante de Deus. Nesse, porém, eles não pensavam, esquecidos dos resgates que vieram realizar.

Todos os detalhes preparados, o dia da mudança chegou, acontecendo exatamente como haviam planejado.

Cada um carregava sua mala e iam bem-vestidos, chamando a atenção das vizinhas que não deixaram de admirar e fazer comentários. Todavia eles, justificando, disseram-lhes que não poderiam chegar diante dos parentes miseravelmente vestidos, e, para isso, tinham feito um sacrifício e comprado uma roupa melhor para cada um.

Respeitada uma certa distância, quando o cansaço fazia com que as malas pesassem mais, sobretudo para Cláudia e Marina, eles decidiram que já poderiam tomar um táxi.

Assim que se acomodaram, Flávio lembrou o pai:

– Agora que já temos a casa, precisamos de um carro e será a nossa primeira compra.

– Tem razão, filho! Preocupamo-nos com a mudança e esquecemos desse detalhe, mas logo o compraremos! Não poderíamos ter um onde morávamos, você sabe disso!

As duas jovens nunca haviam sido levadas até a casa onde passariam a morar, e, por mais tivessem sonhado e imaginado, jamais um único sonho se comparava com a realidade que tinham ante seus olhos. Quando o táxi parou, obedecendo ao endereço que lhe haviam dado, Cláudia indagou admirada:

– É aqui?!

– Sim, filha! Esta será a nossa casa de hoje em diante!

– Jamais pude imaginar que fosse assim! – manifestou-se Marina.

– Deixem para expressar esse espanto quando entrarmos! Vocês não acreditarão no que verão! – falou Flávio.

O pai ajudou o motorista a descarregar as malas, pagou a importância devida, e, retirando a chave do bolso, encaminhou-se para a porta.

As casas vizinhas, de ambos os lados, ficavam a uma distância considerável, pois os terrenos de cada uma eram bem grandes. A mais próxima, assim mesmo depois de atravessarem uma larga avenida, era a que estava imediatamente à frente. Mesmo assim não viram ninguém. Nenhuma pessoa surgiu à porta para ver quem chegava, e eles entraram sem chamar a atenção.

Num pequeno *hall* que isolava as dependências da casa da entrada principal, eles pararam, e as jovens, curiosas, continuaram a indagar:

– Não mora ninguém aqui por perto?

– Todas as casas estão ocupadas e tivemos muita sorte em encontrar esta! – explicou-lhe o pai.

– Ninguém surgiu para nos espiar!

– Não se esqueçam de que agora não estamos mais onde morávamos, e não temos que dar satisfações a ninguém. Aqui cada um cuida da sua vida e não fica se importando com a vida dos outros.

– E quando precisarmos de ajuda?

– Vamos contratar alguém para ajudá-las nos serviços da casa, e nunca estarão sozinhas! Não se preocupem com isso e esqueçam-se do lugar que deixamos. Aqui é diferente, mas logo se habituarão.

– Se alguém as abordar para alguma pergunta, digam que viemos de fora! Depois combinaremos o nome da cidade, para que cada um não diga um nome diferente. A partir de agora, esqueçam-se de vez da vida que tivemos até há bem pouco!

– Pena que mamãe não esteja mais conosco para viver feliz e descansada! – disse uma das jovens.

– De onde estiver, ela ficará feliz quando nos vir aqui!

– Bem, deixemos de tantas falas e entremos de vez!

Quando as duas transpuseram a porta do hall, deslumbraram-se. Nunca haviam visto nada igual, nem nas residências das patroas onde trabalharam.

A casa era um verdadeiro sonho. Quartos, havia quatro; as salas eram imensas, além de muitas outras dependências, que eles nem sabiam para que serviriam. A cozinha era grande e bela, o quintal, um verdadeiro jardim. Quando viram o banheiro, encantaram-se.

– Nós não conseguiremos cuidar de tudo isto aqui! – expressou-se Marina, a mais velha.

– Por isso teremos que contratar alguém, de início, para ajudá-las! E se uma pessoa não for suficiente, contrataremos mais!

– Quem diria, não é papai, que o senhor e Flávio teriam tanta sorte nos negócios!

– Dinheiro, para nós, não é mais problema! Teremos o suficiente para tudo, desde que os negócios continuem rendosos.

– E se acontecer de não terem mais a sorte que estão tendo agora, como será?

– Isso nunca acontecerá! Sabemos como trabalhar e temos sucesso, porque somos capacitados. Nunca deixaremos esta casa!

– Só quando nos casarmos! – exclamou Cláudia.

– Nem namorado têm!

– Mas agora, neste lugar, esperamos arrumar namorado, casar e continuar com todo o conforto que possuímos aqui.

– Assim espero! Mas ninguém irá se mudar por enquanto, é bom que escolham os seus quartos e guardem suas roupas!

– Podemos escolher o que quisermos?

– O melhor é de papai que já escolheu o seu! Eu também já sei em qual desejo ficar. Quanto a vocês, decidirão se ainda pretendem ficar juntas ou se cada uma quer ter o seu próprio quarto.

– Eu gostaria de ficar com a mana! – falou Cláudia.

– Podemos continuar juntas, gostamos de conversar enquanto estamos deitadas!

– Façam como acharem melhor! Depois vamos à cozinha preparar alguma coisa para comer. A geladeira e a despensa já estão bem abastecidas. Quando tivermos a criada, ela poderá cozinhar para nós.

CAPÍTULO 10

REENCONTRO

Aos poucos foram se ajustando à nova casa, ao novo tipo de vida. Uma criada foi contratada e os serviços maiores eram realizados por ela. Outros serviços também, às vezes, precisavam ser contratados, como alguém que cuidasse do jardim, e assim foram vivendo.

Apesar do conforto, porém, apesar de tudo o que já tinham de bom, as duas jovens sentiam-se mais sozinhas, conquanto tivessem uma a outra.

Dificilmente viam algum vizinho e, quando isso acontecia, estavam chegando ou saindo de carro sem olharem para lado nenhum, ocupados apenas com o que faziam, como se mais ninguém existisse além deles mesmos.

Vez por outra Flávio e o pai realizavam algum trabalho, mas saíam sem que as duas percebessem, tão grande era a casa, e voltavam, retornando a seus quartos, trazendo grandes importâncias que lhes proporcionavam todo o conforto e bem-estar de que desfrutavam.

O carro pretendido e até necessário para o lugar onde moravam, e para não se verem diferentes dos outros, foi adquirido.

Flávio mesmo aprendeu a dirigir e estava sempre à volta dele, como a criança quando ganha um brinquedo há muito pretendido, mas considerado impossível de obtê-lo.

Com a nova atividade que desempenhavam, nada

lhes era impossível. Bastava sonhar, imaginar, pretender e adquirir.

Para o lar, muitas outras peças foram compradas, aumentando-lhes o conforto e preenchendo as horas de lazer doméstico.

Nunca, nenhum vestígio era deixado por eles que gerasse alguma suspeita na realização do seu trabalho, e a polícia já estava ficando preocupada, pois não podia demonstrar ineficiência. Por mais investigasse, por mais preparasse novas diligências com novos métodos, nada conseguia.

Os prejudicados reclamavam providências, mas parecia que ela se via de mãos atadas e nada fazia.

Enquanto isso eles iam se apropriando e desfrutando do que não lhes pertencia, do que muitos conseguiram através de muitas lutas.

O tempo foi transcorrendo. Nenhuma amizade foi conquistada por eles entre aqueles com os quais partilhavam da convivência no mesmo bairro, e eles mesmos nem sabiam onde se dirigir para passarem algumas horas que não fosse só dentro de casa.

As duas jovens começaram a sair, a andar pelo centro da cidade, a ir a um ou outro recanto, mas não passava disso.

Aquele sonho de encontrar um namorado e se casarem, continuando a desfrutar de uma vida tranquila de paz e conforto, não se realizava.

O bairro onde moravam não lhes propiciava a satisfação desse desejo. Nunca viram um único rapaz que não estivesse em seu carro, acompanhado pela esposa e filhos pequenos, ou sós, quando se dirigiam para o trabalho, mas nenhum se dava ao trabalho de olhar para o lado. Elas estavam se aborrecendo. De alguma forma sentiam-se felizes, mas a solidão em que viviam causava-lhes contrariedade.

Reclamando com o pai e o irmão, eles não viam solução, e Flávio, sem ter o que dizer, perguntou-lhes se elas preferiam morar onde estiveram até o dia em que se mudaram para aquela casa, vivendo uma vida miserável de privações.

– Não é isso que queremos dizer! – respondeu Marina. – Mas precisamos nos divertir! Estamos sempre em casa, nunca fomos a uma festa, a um teatro!

– O que iríamos nós fazer num teatro? Nada entendemos!

– Não importa, pelo menos veríamos pessoas diferentes e nos distrairíamos!

– Está bem! – respondeu Flávio. – Vou informar-me a respeito, e eu as levarei! Vamos todos nós ver como é um teatro!

– Precisamos antes saber como se vestem!

– Isto não é problema! Eu mesmo o farei, e depois comprarei os ingressos. Não passaremos vergonha diante de ninguém; seremos um deles!

– Quando iremos? – perguntaram as duas entusiasmadas.

– O mais breve possível! Hoje à noite vou fazer umas investigações e, quem sabe, no sábado nós iremos!

Ele fez o que prometeu, trouxe as informações às irmãs, os preparativos foram feitos e, no sábado à noite, quem os visse chegando ao teatro, não os reconheceria, tão bem-vestidos estavam.

Flávio era mais novo, mas tornara-se um rapagão forte e belo, e, entre elas, não saberíamos quem era o mais jovem ou mais velho.

Cláudia e Marina eram bonitas e, bem-vestidas, como estavam, a beleza que possuíam sobressaiu bastante.

Entraram seguindo as outras pessoas, olhavam de um lado a outro, como se estivessem chegando de fora, e ninguém percebeu que aquele nunca fora o meio deles, que ali estavam sem se interessarem pelo que assistiriam ou não.

O importante era terem saído de casa, estar entre pessoas diferentes, admirá-las e, no recôndito do coração das jovens, uma leve esperança de encontrar aquele que seria o seu príncipe encantado, estava bem escondida.

Como chegaram cedo, tomaram seus lugares e ficaram observando a chegada da maioria das pessoas que iam entrando. Entre elas, muitas jovens acompanhadas pelos pais, outras acompanhadas por cavalheiros que não sabiam se eram seus noivos ou maridos, mas era raro encontrar algum cavalheiro desacompanhado.

Sentada à pouca distância de Flávio, uma jovem muito bonita despertou a sua atenção, porque olhava seguidamente para ele. Estava entre os pais, e ele também, atraído por aquele olhar insistente, viu o quanto ela era bela, gestos e traços delicados, e parecia bem posicionada na vida.

Quando a representação começou, cada um ajeitou-se em seu lugar, mas mesmo à meia luz, percebia-se, vez por outra, um leve girar de cabeça, um procurando o olhar do outro.

À hora do intervalo, todos se levantaram, e muitos se reuniram no saguão para algumas conversas. Flávio e as irmãs também se levantaram e, mesmo sem saber o que fariam e onde iriam, seguiram os outros.

A jovem que tivera seu interesse despertado por Flávio, desligou-se por instantes dos pais e andava de um lado a outro, sozinha, observando, esperando vê-lo. Utilizara-se desse recurso, imaginando que ele pudesse surgir, dando-lhe, assim, a oportunidade de se aproximar e lhe falar. Se permanecesse entre os pais, jamais uma aproximação se faria.

Em poucos momentos ele chegou com as irmãs, e, vendo-a, não desejando perder aquele ensejo, pois do contrário nunca mais a veria, desprendeu-se momentaneamente do braço das duas e aproximou-se dela. Sem saber o que dizer, indagou:

– Está gostando da peça?

– Não estou prestando muita atenção a ela! – respondeu-lhe a jovem.

– Como, veio ao teatro e não está se importando com o que vê?

– Encontrei um interesse bem maior, para chamar a minha atenção!

Vaidoso, ele indagou:

– E posso saber qual é?

– Sim, pois está à minha frente neste momento!

– Você é bastante decidida!

– Temos que ser, quando algo nos interessa!

– Veio com seus pais?

– Papai gosta muito de teatro e faz questão que eu e mamãe o acompanhemos. Estamos sempre por aqui!

– Você é filha única?

– Tenho uma irmã mais velha, mas já está casada! E você, a quem acompanha? Vi-o com duas jovens!

– São minhas irmãs!

– Seus pais não gostam de teatro?

– Não tenho mais minha mãe e meu pai não quis vir! Vim para acompanhar minhas irmãs e não sabia que iria encontrar uma joia como você!

– Considera-me uma joia?

– Muito preciosa!

Enquanto entabulavam essa conversação, sempre inconsistente como o são todas num primeiro encontro, o intervalo estava por terminar e os pais a chamaram.

– Quando posso vê-la novamente? – indagou Flávio.

– Hoje mesmo, quando a representação terminar! Quero apresentá-lo a meus pais! Espere-me à entrada se você sair antes!

– Apressar-me-ei para não correr o risco de você ir embora sem me esperar! Diga-me seu nome antes de se retirar!

– No final eu direi. Imagine alguns... Quem sabe adivinhará!

Antes de eles se separarem, porém, Flávio ouviu o pai chamá-la pelo nome – Denise – acabando assim com o segredo.

Nem Flávio nem Denise conseguiram ver o que se desenrolava no palco, com atenção, pensando no reencontro que teriam ao final do espetáculo.

Quando a apresentação terminou e as pessoas começaram a se retirar, um tinha o olhar voltado para o outro para não perdê-lo entre as pessoas.

Quase à porta de saída, quando todos vão se aproximando e se reunindo para transpô-la, num afunilamento obrigatório, eles aproximaram-se e Denise, demonstrando alegria, falou-lhe:

– Quando tivermos mais liberdade, lá fora, nos falaremos! Já disse a papai que quero apresentá-lo a ele.

– Está bem! Você conhecerá também minhas irmãs.

Ao transporem a porta, sempre com Denise à frente para que ele não lhe fugisse, ela dirigiu-se, levando os pais, a um recanto de menos afluência de pessoas e Flávio, que a observava, seguiu-a.

Quando novamente se depararam, as apresentações foram feitas. Ele percebeu que os pais dela eram pessoas de fino trato, quiçá bastante ricas, mas, naquele momento, nada lhe interessava, senão a jovem que lhe tocara o coração.

Apesar de sua pouca instrução, Flávio era inteligente e sagaz, e manteve-se à altura dos pais dela, sem se sentir envergonhado e sem envergonhar ninguém.

Suas irmãs, porém, apesar de lindas e muito bem-vestidas, não sabiam o que dizer, como conduzir uma conversação e mantiveram-se caladas o tempo todo.

Depois de alguma conversa, Denise, destemida e decidida, falou a Flávio:

– Quis que você conhecesse meus pais porque desejo receber sua visita em minha casa! Papai dar-lhe-á o seu cartão e eu o espero para continuarmos esta conversa.

Enquanto o pai dela lhe estendia o cartão, indagou:

– De que se ocupa, meu jovem?

– Realizo negócios com papai!

– Que tipo de negócios?

– Compra e venda de imóveis!

– Atualmente essa atividade é bastante rendosa.

– Não podemos nos queixar, temos realizado transações que nos têm dado um bom lucro!

– Visite-nos, pois, para dar alegria à nossa filha, e poderemos estender a nossa conversa.

Ouvindo a promessa de Flávio de que os visitaria, olhando em torno, ele chamou a atenção da filha, dizendo:

– Veja, este saguão já está quase vazio, retiremo-nos!

As despedidas foram efetuadas e cada um tomou seu rumo.

Flávio ia feliz. As irmãs, porém, desejosas de conhecer alguém que realizasse seus sonhos, não encontraram ninguém. E Flávio que não se preocupava com esse particular, deixava o teatro com o coração sensibilizado pela atenção e até insistência da jovem, e já se imaginava na casa dela em visita.

As irmãs, ansiosas, indagaram:

– Quando você irá visitá-la? Não terá ela um irmão que possa interessar-se por uma de nós?

– Ela é a única solteira e tem só mais uma irmã que já se casou.

– Quando vamos encontrar alguém que se interesse por nós? – indagou Marina, demonstrando impaciência.

– Quando menos esperarem, esse príncipe que tanto aguardam, aparecerá de repente e as fará felizes! Viram o que aconteceu hoje? Nunca imaginei que saísse do teatro trazendo alguém no meu pensamento e ficasse ansioso para revê-la.

– Você poderá visitá-la quando quiser! Onde ela mora?

- Não prestei atenção ao endereço! Guardei o cartão sem lê-lo!

- Pois então olhe! Eles devem ser muito ricos!

Ao chegar à casa, a primeira atitude de Flávio foi retirar o cartão do bolso e ler: Lucas Figueiredo e Souza - Advogado. Ao verificar o endereço, ele surpreendeu-se, mas ficou calado e pensativo.

- O que houve? O que está escrito aí? - indagou Cláudia.

- Nada mais do que já li para vocês e o endereço.

- Onde ela mora?

- Num bairro onde só moram pessoas muito ricas! Eu já o conheço, sei onde é!

De fato Flávio o conhecia. Na sua procura de locais para realizar o seu trabalho, já o visitara algumas vezes e até realizara um deles numa daquelas casas. O seu medo era que tivesse sido justamente na casa dela. Ao mesmo tempo, tranquilizou-se pensando: "Se ninguém descobriu, não terá importância. Eu não vou perder essa oportunidade por nada!"

Apesar de considerar essa sua preocupação sem importância, logo no dia seguinte, dirigindo seu carro, retornou àquele bairro, agora com finalidade diferente.

Ainda não iria fazer a visita a Denise, mas precisava assegurar-se de que não fora na casa dela que ele e seu pai realizaram o trabalho, levantando uma grande importância em dinheiro.

Era certo que sempre procuravam locais em que os moradores eram poucos, para terem menos complicações, e mais idosos para não poderem reagir, caso fossem surpreendidos.

Os pais de Denise não eram velhos. Estavam numa idade em que o físico ainda guardava bastante vigor, e, com certeza, com a profissão que ele desempenhava, jamais guardaria seu dinheiro em casa.

Apesar de todas essas reflexões, ele deveria verificar e comprovar para sentir-se mais tranquilo, e, quando fosse visitá-la, fizesse-o com o coração sereno e seguro.

Com o cartão na mão rodou por diversas ruas, passou pela casa já tão sua conhecida até nos detalhes do seu interior e, para seu alívio, não era a de Denise. Entretanto, virando a esquina, logo se deparou com o nome da rua e o número da casa onde ela morava, bem próxima daquela em que ele realizara o seu trabalho com o pai, e, com certeza, eram amigos da família.

Não tão sereno conforme esperava, retornou para o seu lar, sem ter tido ainda a oportunidade de contar ao pai o que havia acontecido no teatro, bem como o receio que lhe invadira o coração. Todavia, convidando-o para acompanhá-lo a um lugar que inventou para não despertar desconfianças nas irmãs, pretendia fazê-lo.

Elas, porém, antes de eles saírem, começaram a contar ao pai que Flávio havia encontrado, no teatro, uma jovem que se interessara por ele e por quem ele também se interessara.

– Eu direi a papai durante o caminho! Vamos! Não lhes dê muito ouvido, senão, não iremos aonde eu preciso.

– Está bem, está bem, mas essa história está me interessando bastante!

– Eu lhe contarei!

Puxando o pai, deixaram a casa e entraram no carro.

– Aonde iremos? – indagou ele.

– A lugar nenhum em especial... Precisava conversar com o senhor! Continuando o que Cláudia e Marina estavam lhe dizendo, eu conheci, realmente, uma jovem, ontem, mas o senhor não imagina onde ela mora! O seu pai, que ela me apresentou no final do espetáculo, deu-me o seu cartão para eu visitá-los, e assustei-me ao ver o endereço.

– E que tem esse endereço para assustá-lo?

– Fica no bairro onde realizamos o nosso último trabalho, e agora, pela manhã, saí para verificar a casa e descobri que são quase vizinhos!

– Não se preocupe com isso; não fomos descobertos; não se esqueça!

– Mas sempre é uma preocupação! Ontem o pai de Denise – esse é o nome da jovem – perguntou-me o que eu fazia. Disse que realizava negócios com o senhor, e ele quis saber o tipo de negócio.

– E o que você falou?

– Compra e venda de imóveis! Mas agora tenho medo, eu gostei de Denise e pretendo visitá-la. Ela também gostou de mim e, se eles começarem a me fazer muitas perguntas, não saberei o que dizer.

– E por que não abrimos um escritório de compra e venda de imóveis? Teremos também o nosso cartão atestando a nossa profissão e estaremos tranquilos!

– Nós não sabemos lidar com isso!

– Não vamos nos esforçar, mas, se aparecer algum trabalho, nós o realizaremos. Assim estaremos a coberto de qualquer suspeita!

– O pai de Denise é advogado. E o senhor sabe, advogado tem sempre muitos argumentos e poderá deixar-me sem respostas.

Fazendo uma pausa, ele tornou, dizendo:

– O melhor mesmo é fazer algumas investigações, preparar-me um pouco e abrirmos um escritório!

– Não contrataremos nenhum empregado! Não devemos ter nenhum estranho entre nós!

– Mas não temos capacidade para trabalharmos sós!

– Você é esperto e inteligente, logo aprenderá, pelo menos o necessário para conversar com o pai dessa jovem. Comece a se informar sobre o assunto. Visite algum corretor como quem deseja comprar algum imóvel, informe-se do procedimento, indague...

– O senhor é bem astuto, papai! Convenceu-me!

CAPÍTULO 11

O PLANEJADO SE CUMPRE

A partir daquele momento, dois passaram a ser os pensamentos de Flávio: Denise e o dia de visitá-la, e o escritório que abririam.

Antes mesmo de levar o pai para casa, ele já começou a levantar informações, como quem desejasse realizar alguma transação, e cada vez se mostrava interessado num tipo de imóvel - casas, indústrias, pequenos sítios, fazendas...

Ao retornar, levavam bastante material para pensar, mas Flávio prosseguiria nos dias posteriores.

Já possuía até alguns elementos mais concretos e objetivos para manter uma conversa com o senhor Lucas, caso ele retornasse ao assunto solicitando detalhes mais específicos.

Assim imaginando, de posse do cartão, marcou uma visita através do telefone, e, para a sua alegria, Denise mesma o atendeu:

- Todos estes dias o telefone esteve aos meus cuidados! Atendi a muitos telefonemas esperando que fosse o seu e já imaginava que houvesse me esquecido.

- Eu não a esqueci, ao contrário, tenho-a no pensamento cada vez com mais intensidade e constância! Apenas não me havia sido possível marcar a visita antes, tantos afazeres tomavam o meu tempo. Contudo, aqui estou eu ansioso por visitá-la, e desejoso de saber quando poderá receber-me.

- Por mim, agora mesmo. Entretanto sei que não seria conveniente, mas espero-o hoje à noite. Papai também ficará feliz, tanto eu falei em você nestes dias.

– Hoje à noite eu estarei aí! Está bem às oito horas?

– Como desejar e lhe for melhor!

– Então espere-me às oito horas!

De fato, tendo se arrumado com mais esmero, no horário combinado, pontualmente, ele chegava à casa de Denise.

– A pontualidade é qualidade dos cavalheiros! – disse-lhe ela, ao recebê-lo.

– Por mim teria chegado antes, mas combinado é combinado!

– Vamos, papai e mamãe também o esperam.

Ela introduziu-o numa saleta onde seus genitores se encontravam, e Flávio lá permaneceu em família por mais de uma hora conversando.

O senhor Lucas, como é próprio de quase todos os advogados, falou bastante, indagou, perscrutou e examinou cada gesto e cada palavra do visitante, devido ao entusiasmo de sua filha por ele, e mostrava-se satisfeito. Era um jovem com uma carreira promissora diante do mundo dos negócios, e sua filha, se estreitasse um relacionamento com ele, chegando ao casamento, estaria muito bem amparada financeiramente, independentemente do que ele próprio possuía, e, com certeza, seria feliz. Flávio era um belo rapaz e parecia bastante interessado em sua filha.

Desse primeiro contato, muitas vezes retornou para visitá-la, muitas outras levava-a para passear onde ela desejava e, com isso, sem revelar, ia adquirindo, pela observação e inteligência, um novo traquejo social que nunca imaginou fosse necessário possuir.

O escritório foi aberto. Uma sala fora alugada justamente num meio comercial bastante promissor, e até algumas transações rendosas conseguiram realizar, mesmo sem ter interesse nelas, mas como precisavam manter as aparências, não poderiam recusar trabalho.

A outra atividade, aquela que realizavam no silêncio mais profundo da noite, enquanto todos descansavam, continuava. Algumas visitas foram efetuadas, agora tendo o cuidado de procurar locais bastante afastados, tanto do bairro onde moravam quanto do de Denise, e os lucros iam recheando-lhes os cofres, tão rendosos se mostravam.

Flávio passou a ter uma outra preocupação. Seu relacionamento com Denise estava bastante sólido. Já a levara até a sua casa e um casamento era questão decidida, embora ainda nada lhe tivesse falado, pois receava ser descoberto a qualquer hora.

Algumas vezes fez esse comentário com o pai, mas este, tão habituado já àquele tipo de atividade, dizia ao filho que, se o rapaz abandonasse aquele trabalho, ele seguiria sozinho.

– Não vou abandonar, papai, mas depois que me casar, ficará difícil. Com que desculpa sairei à noite?

– Isto é muito simples! É só sair durante o dia de

casa alegando algum negócio em outra cidade, e passar a noite fora retornando no dia seguinte.

– E se um dia formos descobertos, eu perderei Denise a quem amo, e lhe levarei muito desgosto, além da vergonha que ela passará!

– Bem, é um pouco cedo para decidirmos este assunto, porque você não vai se casar ainda. Todavia, como irá manter a sua família e eu a nossa, se nada mais realizarmos? Denise está habituada a um tipo de vida que requer muito dinheiro, a começar por uma nova casa que você terá de adquirir!

– O senhor tem razão! Preciso pensar bastante para não perdê-la, para não lhe levar desgostos, e para dar-lhe uma vida conforme a que ela tem junto dos pais.

– Isto sem falar na nossa própria família, em nossa casa, nas suas irmãs...

Preocupações que Flávio nunca imaginou pudessem tomar-lhe o coração, agora lhe tiravam a tranquilidade.

De outra feita, tão habituados estavam àquele trabalho, aos rendimentos que ele lhes proporcionava que, por mais trabalhasse em qualquer profissão bem-sucedida, ele nunca teria, em tão pouco tempo, tanto dinheiro.

Temia, agora, ser descoberto e perder tudo o que a liberdade lhe favorecia através dessa atividade, mas nunca pensou nos prejuízos que levava àqueles que, certamente, acumulavam importâncias à custa de sacrifícios, de muito esforço e, às vezes, até de renúncias para garantir-lhes o futuro.

Suas preocupações eram outras. Não fosse por Denise, nenhum mal havia em continuar pelo resto de sua vida; era destemido e arrojava-se cada vez mais, e, viver de outro modo, já não saberia também.

Seu escritório proporcionava-lhes, às vezes, algum rendimento, ao qual eles não davam importância, e, com frequência, deixavam-no fechado. Nem ele nem o pai tinham mais paciência de ficar retidos entre quatro paredes dia após dia, apenas para justificar o que possuíam, evitando suspeitas.

Nessas preocupações, entre algum trabalho e outro, entre uma ou outra transação advinda da profissão que passaram a desempenhar, o tempo foi transcorrendo, e Denise queria que a data do casamento fosse marcada.

Em casa dela, Flávio já era considerado um membro da família. Conhecera a outra filha do senhor Lucas, seus familiares, e espelhava-se muito no futuro cunhado, não desejando ser menos considerado que ele porque lhe faltava um diploma.

As famílias já se visitavam vez por outra, e, no dia em que o compromisso de noivado foi oficializado, os pais de Denise fizeram uma reunião entre as duas famílias, com todos os seus membros, e, ao final, depois de algumas guloseimas, bastante conversa e até algumas brincadeiras jocosas diante da nova vida que aguardava o casal, a data foi marcada.

Pelos pais de Denise, eles ficariam morando em sua casa, após o casamento, o que não importava a Flávio e até o favorecia, por não ter que tomar tantas providências, mas Denise foi categórica: quero ter minha própria casa! É o meu sonho e tenho o direito de realizá-lo!

Flávio, aquiescendo ao pedido dos futuros sogros, desejava convencer a noiva dizendo-lhe:

- Se morarmos aqui, como é a vontade de seus pais, realizaremos o nosso casamento mais rapidamente, pois muitas providências serão dispensadas. Contudo, se se mantiver no desejo de ter a própria casa, não poderemos prever quanto demorará!

- Eu espero, mas quero a minha casa! Nós marcaremos a data e você começará a preparar o de que vamos necessitar. Se à chegada do dia, ainda ela não estiver pronta, ficaremos aqui algum tempo, mas sabendo que não é definitivo.

Diante dessa exigência, o casamento foi marcado para daí a três meses, tempo que julgaram suficiente para todos os preparativos.

O pai de Flávio, diante dessa decisão, olhou para o filho de modo significativo que ele entendeu logo: "Precisamos realizar muitos trabalhos mais, pois o que temos não será suficiente para todas as medidas em tão pouco tempo."

Definida a data, a reunião familiar continuou ainda por algum tempo. A irmã de Denise ficou animada dizendo que queria ajudá-la em todos os preparativos, na escolha da casa, dos móveis, da decoração em geral. Denise agradeceu o oferecimento aceitando-o, porque os próximos três meses seriam de muitos afazeres. O seu enxoval precisava ser completado, a cerimônia do casamento planejada, a festa encomendada, os convites expedidos. Era muito trabalho, mas desses que as noivas, esperançosas em concretizar seu sonho de amor e, imaginando que conquistarão a felicidade eterna, realizam com muito carinho, com muito cuidado, com muito amor, e Denise não era diferente.

Ela colocava todas as suas esperanças de felicidade no casamento e na pessoa do noivo, a quem amava mais do que tudo.

Se nos lembrarmos das narrativas há algumas páginas atrás, sabemos que Flávio, ao reencarnar, trazia um compromisso muito sério de mudança de vida para redimir erros cometidos. E nos lembraremos, também, de que ele quase implorou àquela que lhe fora esposa e muito sofrera por seus atos impensados, para dar-lhe nova oportunidade, pretendendo recompensá-la de tantos desgostos, para que ele ressarcisse um pouco do mal que lhe havia feito.

Quando os propósitos são nobres a permissão de Deus se faz, e ela, por amor, aceitou vir novamente em sua companhia para ajudá-lo.

Com essas lembranças, deduziremos que o planejado se cumpria, e aquela que se dispusera a dar-lhe nova oportunidade, não era outra senão Denise, a que o aguardava, e, por isso, ao vê-lo, sentiu uma atração muito grande, correspondida por ele, porque ambos deveriam encontrar-se.

O que fora planificado no Mundo Espiritual, da parte daqueles que se ocupam de preparar reencarnações diante das necessidades de cada um, cumpria-se. Agora restava saber se a parte que competia a Flávio, junto dela, seria cumprida.

Sabemos que ele enveredara por caminhos escusos muito mais graves que os trilhados na sua existência precedente, e já se afastara profundamente do plano e das promessas realizadas.

Nova oportunidade, porém, se lhe apresentava, a mais importante e que lhe mostrava novos caminhos. Se escolhesse o da redenção, o que já havia praticado lhe seria bastante atenuado; mas se prosseguisse na sua atividade junto do pai, justamente aquele com o qual se comprometera um dia, de retorno ao Mundo Espiritual, levaria a agravante da reincidência, tanto na atividade desempenhada, quanto no relacionamento com sua esposa.

Três meses parecia um tempo bastante longo para que o sonho de amor fosse concretizado, mas quando os dias começaram a transcorrer na sequência ininterrupta com que um sucede o outro, no que se referia aos afazeres, às providências a tomar, era exíguo demais.

Cada um, de sua parte, empenhava-se nos preparativos, envolvendo os familiares, como no caso de Denise que não dispensava a ajuda da mãe e da irmã, utilizando-se dos proventos do pai.

Flávio, por sua vez, procurava a casa que ela desejava, e sabia, não custaria barato porque, para manter o nível de vida a que ela estava habituada, precisava de muito dinheiro.

Apressadamente, mas com bastante cuidado, eles realizaram mais dois daqueles trabalhos rendosos, e a casa que já fora escolhida por Denise, pôde ser adquirida.

Quanto aos móveis, a decoração interna, Flávio avisou-a de que nem tudo seria possível realizar em tão curto espaço de tempo, mas o mais necessário e imprescindível para os primeiros tempos, eles teriam.

Suas irmãs estavam preocupadas em como se apresentar, e pediram sugestões à futura cunhada, mais acostumada àquele tipo de cerimônia dentro da classe social a que pertencia. Não só essa era a preocupação de Cláudia e Marina, mas o desejo de se apresentarem bem, era movido pela esperança de também encontrarem, entre os convidados, alguém que se interessasse por elas.

Entre todos esses afazeres, os três meses transcorreram e o grande dia chegou.

A casa estava pronta com o que Flávio se dispusera preparar para o começo, e nada seria impedimento para que ambos se unissem, desfrutando de todo o amor que seus corações viveram, mesmo supondo que fosse um primeiro encontro, como acontece com todos os que se amam e que se unem em matrimônio.

Após a cerimônia, grande reunião festiva aguardava-os. Após, partiram em viagem conforme Denise programara, aos locais que ela escolhera, porque Flávio, por si mesmo, nada conhecia, mas deixou-a escolher sem nunca opinar, dizendo que desejava fazer-lhe o gosto e concordaria com o que ela quisesse.

Assim, em pouco tempo, o que se programara no Mundo Espiritual, em razão de resgates que deveriam ser efetuados, já estava realizado.

Flávio e Denise estavam unidos pelo matrimônio, felizes e esperançosos na vida que teriam, imaginando que aquele dia era o início de um sonho de amor maravilhoso e deslumbrante que nunca mais teria fim.

Entretanto sabemos, por mais um ame o outro, a Terra ainda não é um paraíso de delícias, e os problemas surgem por nossa própria culpa ou independente dela, com todas as vicissitudes que a vida apresenta. E assim também aconteceria a Flávio e Denise.

Quando retornaram da viagem, os pais de Denise novamente reuniram os familiares de ambas as partes e lhes ofereceram um jantar de boas-vindas, participando todos da alegria que estava estampada na fisionomia dos recém-casados.

O dia seguinte seria diferente. As atividades de

Flávio seriam retomadas e Denise teria a gerência da casa, apesar de contar com duas criadas que a mãe contratara para ela enquanto viajavam. Era uma nova família que se formava, cada um trazendo a sua educação, os hábitos que precisavam ser ajustados um ao outro, para que a harmonia existisse sempre.

O escritório de Flávio, tantos dias fechado porque o pai não tinha condição de geri-lo sozinho, deveria ser reaberto. Se nada faziam, se pouquíssimos clientes entravam pela pouca importância que davam àquele trabalho, pelo menos era agora considerado um campo neutro, onde pai e filho poderiam conversar à vontade, planejando, estudando, preparando, sem que ninguém os ouvisse.

E muito teriam para fazer. A casa do jovem casal ainda requeria muitas peças para completar a decoração, e Denise, ignorando o que eles realizavam, logo iria começar a exigir, sem falarmos na sua manutenção de alto nível.

Flávio andava preocupado, receando que, por qualquer detalhe ou indício, sua esposa descobrisse o que ele e o pai faziam.

Quando não se trabalha com a verdade, por mais cuidado se tome, por mais se estudem os gestos e as palavras, mais dia menos dia, alguma coisa acontece. Algum descuido intencional pode gerar desconfianças e ele temia. A mentira não tem solidez para se manter sempre firme e a coberto de qualquer suspeita.

Todavia, todos os cuidados eram tomados, mas ele não sabia até quando poderia sustentar aquela situação diante da esposa, sem falarmos no risco que corriam diante da justiça dos homens, cansada de ser acusada de incompetente por tantos que haviam sido atingidos, sem nunca nenhum deles ter sido ressarcido dos prejuízos sofridos.

Em relação à Justiça Divina, sabemos o que acontece, mas esta, esquecidos de tudo, eles não temiam e nela não pensavam, apesar de sabermos seria a pior de todas; seria aquela que lhes traria maiores sofrimentos e por um tempo que ninguém tem condições de prever.

CAPÍTULO 12

VERDADE CRUEL

O pai de Flávio, apesar de contar com a companhia do filho diariamente no escritório, sentia muito a sua falta em casa.

Com as filhas, as conversas eram outras, geralmente bastante limitadas e circunscritas às necessidades domésticas, e a um ou outro assunto banal que para ele mais irritava que agradava.

Até os planos para novos trabalhos estavam ficando retardados, motivado pelo receio de Flávio e pelas suas novas preocupações - o próprio lar e a esposa que o aguardava feliz, transmitindo-lhe felicidade, fazendo-o desejar estar sempre junto dela.

Quando no escritório, o pai reclamava da apatia em que se encontrava, dizendo até que, da falta de trabalho, adviria a incapacidade de realizá-lo, e quando ele resolvesse retornar seria muito mais perigoso. Até advertiu o filho de que poderia começar a trabalhar sozinho, caso ele tardasse muito a se decidir.

Amedrontado, Flávio pediu-lhe que esperasse mais um pouco e jamais fizesse nada sozinho, aumentando o perigo e acabando por comprometê-lo também. No momento em que ele fosse apanhado e retido numa prisão, mesmo sem desejar incriminar o filho, não haveria como preservá-lo.

Jamais teriam como explicar a aquisição dos seus bens, ainda mais se, no transcorrer das investigações, as autoridades chegassem à sua vida anterior, cheia de misérias e necessidades.

Cláudia e Marina ficariam ao desamparo, pois que teriam todos os bens confiscados, ele perderia Denise porque também seria atingido, e passariam pai e filho o resto de seus dias na prisão.

O genitor pressionava-o porque as reservas estavam por terminar, por todos os gastos que fizeram para o casamento, e, se nada realizassem, logo não teriam como viver.

– Eu sei disso, papai, ainda mais que preciso completar a decoração de minha casa. Denise pede-me um carro só para ela, pois nem sempre posso acompanhá-la, e está difícil. Estou me tornando um fraco e gostaria muito de fazer algum trabalho honesto através do qual auferisse uma importância que desse para nossos gastos, sem nos comprometermos mais e viver uma vida tranquila.

– O que faríamos nós? Não temos capacidade para nada! Vê que nem o nosso escritório rende o suficiente para tudo o que desejamos, e você sabe muito bem porque o abrimos.

– Sim, eu sei, e a ele não nos dedicamos o suficiente, mas, mesmo que nos dedicássemos bastante, não conseguiríamos nem uma pequena parte do que nos habituamos a desfrutar, nem o necessário para mantermos o padrão de vida que temos aqui. Talvez tivéssemos errado em sonhar muito alto!

– Nós tínhamos esse direito, mas eu não contava que você fosse abandonar-me tão cedo, deslumbrado pelo amor! Você sabe que o amor torna fraca as criaturas.

– Pelo contrário, papai, fortalece-nos e dá-nos vontade de mais fazer, para mostrarmos que somos capazes e merecedores do amor que recebemos.

– Não no nosso caso, que vejo, tem acontecido o contrário!

– Está bem, papai! Para que o senhor não fale mais, e até por necessidade, vou procurar o local, realizar um novo plano, e depois voltaremos a conversar para combinarmos os detalhes. Eu também estou precisando de dinheiro, e um trabalho virá em boa hora, apesar do receio que tenho.

– Como fará com sua ausência em casa à noite?

– Lembra-se de que um dia o senhor mesmo me orientou como proceder? Pois então, temos um negócio importante para realizar em outra cidade e eu irei com o senhor!

– Ainda bem que não esqueceu as minhas orientações! Depois desse primeiro, outros negócios rendosos o chamarão para outras cidades. Denise ficará feliz em saber do sucesso que estamos tendo e não reclamará, nem fará muitas perguntas. O que importa é o resultado, e, sendo bom, silencia qualquer indagação inconveniente.

– Mas não se esqueça de que, de um momento para outro, poderemos pôr tudo a perder, além da vergonha que passarei diante de Denise e da sua família, e a perderei para sempre.

– Pense sempre no melhor, no que conseguiremos e nunca no pior! Tudo o que já realizamos atesta a nossa capacidade, e jamais seremos descobertos.

Empenhado agora por si mesmo e sob a constante insistência e pressa do pai, Flávio tomou todas as providências requeridas em tal questão, realizou o plano que, segundo ele, seria mais um bem-sucedido, sem possibilidades de falha, e o dia do evento foi marcado.

Antecipadamente foi preparando a esposa, dizendo que haviam sido procurados por um proprietário que desejava vender um imóvel em uma cidade um pouco distante. Como já surgira um comprador, e ele não poderia afastar-se da cidade por compromissos inadiáveis e intransferíveis em sua profissão, pedia-lhe, depois de lhe passar todas as coordenadas da transação, que ele fosse em seu lugar, entrasse em contato com o interessado e estabelecesse as bases do negócio, acrescentando que, se conseguissem chegar a bom termo, render-lhes-ia uma comissão muito grande.

Lamentando ter que permanecer uma noite fora, devido a distância em que essa propriedade se encontrava, dizia à esposa que o lucro que lhe renderia, já no ato, pois fora encarregado de receber o pagamento também, seria muito compensador. Dizia-lhe ainda que, se ela se sentisse melhor junto dos pais, que fosse passar aquela noite com eles.

Assim justificado, na noite programada para o trabalho, ele já se ausentara de casa pela manhã, e assim fizera também seu pai para que nenhuma informação fosse desencontrada, se Denise entrasse em contato com as cunhadas. Ambas as partes, de posse da mesma história, nenhum perigo haveria.

O local já estava escolhido e, naquele dia, nem ao escritório foram, mantendo-o fechado, caso alguma procura houvesse e caso alguma notícia da presença deles ali, chegasse aos familiares.

Nada, nenhum pormenor ficou sem ser pensado, examinado e a desculpa preparada, e eles passaram o dia num hotel bastante simples, cada um em um diferente, até que pudessem se encontrar, à hora determinada, quando nenhum perigo mais oferecesse.

Flávio já havia levado o pai para ver o local; passaram de carro, deixaram-no a certa distância e voltaram a pé, olhando com cuidado, enquanto ele explicava os últimos detalhes do plano, tendo às suas vistas, o objeto dele.

Nada poderia falhar! As informações foram levantadas, e os donos da casa estavam passando alguns dias fora, deixando um guarda que não oferecia nem dificuldade nem perigo, pois Flávio tinha planejado também a forma de rendê-lo. O pai reteria o guarda, enquanto o filho entraria e faria o serviço.

Tudo pronto! Em relação ao guarda, na verdade, não houve nenhum problema. Em pouco tempo o vigilante estava sob as mãos fortes do pai de Flávio que lhe retirara a arma e tinha-a apontada para a cabeça dele. A outra mão prendia seus braços cruzados às costas, imobilizando-o.

Flávio já estava no interior da casa quando ouviu pequeno movimento na porta de entrada. Não deu importância imaginando que fosse seu pai com o guarda, mas foi surpreendido, logo a seguir, por uma movimentação estranha e gritos, e viu que o guarda, empunhando novamente a arma que lhe pertencia, havia se desprendido do seu pai que correra à chegada do dono da casa.

– Deixe comigo, senhor, não se envolva nisso! Este trabalho é meu! – dizia-lhe ele.

Acuado e bastante temeroso, o jovem tentou fugir, mas o guarda, achando-se no direito e no dever de defender seu patrão, honrando a sua profissão, conseguiu atirar nele, deixando-o estendido no chão.

Nesse momento seu pai já se encontrava longe da casa, atrás de uma esquina, à espreita, esperando o filho.

Entretanto, no silêncio da noite, quando todos os ruídos são ouvidos com uma intensidade bastante ampliada, ele ouviu um estampido, um apenas, e compreendeu que seu filho fora atingido.

Voltar para socorrê-lo, ele não poderia, pois seria preso e quiçá morto. Deixar o filho naquela condição, sem saber o que realmente havia acontecido, era-lhe penoso. Nessa indecisão, permaneceu algum tempo ainda observando. Viu que um ou outro vizinho espiava pela janela, sem contudo abri-la totalmente, e em pouco tempo chegava a polícia.

Nessa hora tremeu, mas julgou que seu filho estivesse vivo. Por que chamar a polícia se já não mais vivia? Não, ele não estava morto!

Logo após chegava uma ambulância, e um corpo foi retirado da casa e levado. E ele, ignorando o que sucedera, não podia aparecer para informar-se, e foi caminhando pela madrugada sem saber que rumo tomar.

O que haviam realizado com sucesso por tanto tempo, ruíra por terra. Fosse o que fosse que houvesse acontecido com seu filho, aquele trabalho não poderia mais ser realizado. Se o rapaz estivesse ferido, assim que se recuperasse, iria para a cadeia, e, através das investigações e dos métodos que os policiais utilizam para retirar a verdade de um detento, quando o desejam, o velho também seria levado à prisão. Porém, e se o filho estivesse morto? Além da imensa dor de perdê-lo, da vergonha que passaria, acabaria também por ser preso.

Nenhum dos dois ficaria impune diante daquela situação, e as consequências que adviriam para ambas as famílias, seriam desastrosas em todos os sentidos.

O dia clareou e o pai de Flávio, cada vez mais aflito, caminhava pelas ruas.

Como voltar para casa sem dar explicações das quais ainda não sabia o desfecho? Seu filho fora levado, mas, em que estado, não sabia.

Se ele portava documentos, com certeza a polícia já o procurara em sua casa e suas filhas deveriam estar desesperadas.

E Denise, o que dizer em relação a ela?

O que aconteceria quando soubesse? Se Flávio ainda estivesse vivo, não haveria desculpa que se pudesse dar naquele momento, porque, do hospital, fatalmente iria para a prisão.

E se estivesse morto, a dor que ela sentiria pela sua perda seria muito grande, mas a dor da vergonha seria maior. Talvez o ódio, a revolta, tomassem conta dela e de seus familiares, por terem sido enganados, que o amor se veria desfeito em poucos minutos.

Depois de muito caminhar, compreendendo que ele não mais poderia continuar naquela situação de covardia e precisaria ser solidário ao filho, mesmo porque de nada adiantaria querer esconder-se ou esconder dos familiares a verdade da qual já deveriam estar a par, decidiu voltar ao lar.

Caminhando agora com rumo certo, chegou à sua casa vendo que nada ainda sabiam. As filhas, estranhando a hora que ele chegava, pois estavam avisadas de que demorariam bastante, começaram a fazer-lhe perguntas, sem imaginar o que o pai lhes revelaria.

– Aconteceu uma desgraça muito grande! Ninguém me procurou ainda? Não tiveram nenhuma notícia?

– Nada, papai! Só o esperávamos no fim da tarde! O que houve, o negócio não deu certo?

– Nada deu certo, caímos nas mãos da polícia, seu irmão recebeu um tiro!

– Como aconteceu tudo isso, vocês foram assaltados? Com certeza traziam muito dinheiro e perderam tudo! – indagou Marina

– Onde Flávio está? – quis saber Cláudia.

– Não é nada disso, filha, e não adianta escondermos mais nada, pois logo eles chegarão e me levarão também. Quanto a seu irmão, não sei o que aconteceu. Ele pode até estar morto!

– Morto, papai, e o senhor não sabe? Não ficou com ele? Não o socorreu? Onde ele está? E Denise, já sabe o que aconteceu?

– Eu não poderia socorrê-lo e, no momento, só me restava fugir! É-me difícil revelar a verdade, mas não somos quem vocês imaginam!

– Como não são? Quem são vocês? O que fizeram?

– Mais um dos roubos que costumeiramente fazemos! Tudo o que possuímos é resultado de muitos roubos que temos praticado ao longo de muito tempo!

– Papai, o senhor e Flávio são ladrões?!

– É isso, filhas, e agora vou ser levado à prisão! Fomos descobertos! Seu irmão pode estar morto, e eu não sei o que será de vocês!

– E Denise, já sabe de tudo isso?

– Não sei se a polícia já a avisou!

– Para onde levaram Flávio?

– Também não sei!

– E nós vamos ficar aqui, sem saber de nada, sem saber o que aconteceu a nosso irmão?

– Vou chamar Denise aqui e o senhor lhe contará tudo, se de nada ainda ela souber! – falou Marina.

– Poupe-me de tal vergonha!

– O senhor nunca imaginou que um dia isso poderia acontecer? Imaginou que passariam impunes pelo resto da vida, levando prejuízo a tantas pessoas e arriscando-se a serem presos ou mortos? – tornou Marina.

– Não seja cruel!

– Preferiria ter continuado a viver onde morávamos, sem precisar passar por isso agora! Nada possuíamos, mas éramos honestos, tínhamos paz e, mesmo em dificuldades, não tínhamos vergonha de nada. E agora, o que vai acontecer conosco? – expressou-se Cláudia.

Ele nada mais respondeu, como se se alheasse do momento e da situação, e, sentado, de cabeça baixa, parecia sofrer muito.

O telefonema a Denise foi dado, ela estranhou bastante e, nervosa, perguntou o que havia acontecido, mas as cunhadas nada quiseram dizer, pedindo que ela fosse até sua casa imediatamente.

Aflita, imaginando que algum acidente houvesse ocorrido com Flávio, em pouco tempo ela chegava, sem imaginar o que a aguardava.

Ao ser recebida e conduzida diante do sogro, não vendo o marido, Denise começou a perguntar por ele insistentemente. O pai do jovem, porém, ainda cabisbaixo e muito constrangido, demorou a responder.

– Onde está Flávio? O que aconteceu com ele? Digam-me? Por que me chamaram?

– Papai lhe falará! – exclamou Marina que, aproximando-se do pai, apelou: – Não vê, papai, a aflição de Denise? Se a chamamos aqui, deve contar-lhe tudo, tudo... Ela tem que saber. Agora nada mais precisa esconder! Fale antes que a polícia mesma o faça!

– Por que polícia?! O que houve?! Sinto-me cada vez mais aflita, onde está Flávio?

A custo ele ergueu a cabeça e, olhando para ela, disse-lhe:

– Não sabemos onde ele está, mas aconteceu uma desgraça, um imprevisto e ele recebeu um tiro!

– De que forma? O que estava fazendo? Como aconteceu? Onde o senhor estava?

– Eu falarei tudo! Agora não adianta mais esconder, eu falarei.

Com vagar, no início, pelo constrangimento, começou a narrar o sucedido da noite, sem dar as explicações preliminares do que costumavam fazer. E ela, sem poder suportar tanto sofrimento, tanta vergonha, porque concluiu quem era realmente o seu marido, veio a desfalecer.

As duas cunhadas tentaram socorrê-la, mas sem a habilidade necessária para fazê-lo, Denise demorou a readquirir a consciência.

Quando se sentiu em condições, não indagou mais

nada, não quis ouvir mais nada. Levantou-se e, caminhando devagar, tomou o rumo da porta de saída.

– Onde vai? Você não tem condições de sair assim!

Sem nada responder, ela deixou a casa e entrou no carro. Demorou algum tempo antes de dar partida, mas, quando se sentiu um pouco melhor, ligou a chave e dirigiu o carro para casa dos pais.

Era uma situação deveras difícil. Ao chegar ao seu destino, lívida e em grande sofrimento, não só pelo que ouviu, pelo que poderia ter ocorrido ao marido, mas muito mais por ter sido enganada, a custo ela conseguiu contar à mãe o sucedido, ainda sem saber de Flávio. Esta, sem muita espera, comunicou-se com o marido, pedindo-lhe que viesse imediatamente para casa, pois havia um problema sério com Flávio.

Pressuroso, em pouco tempo ele entrava em casa, encontrando Denise naquele estado lastimável, e, ao tomar conhecimento de quem era o marido dela, enfurecido, saiu de casa imediatamente, pedindo à esposa que chamasse um médico para dar algum calmante à filha. Esta, porém, impediu-a, dizendo-lhe que não desejava tomar nenhum calmante, precisava estar bem lúcida para saber a extensão do que havia acontecido.

O senhor Lucas, com a prática que a profissão lhe conferia, foi direto à delegacia mais próxima de onde sabia, o delito fora praticado, desejando saber o que havia acontecido.

– O meliante não portava documentos e não pudemos avisar ninguém! Como o senhor tomou conhecimento do fato?

– Isto não importa agora... Quero apenas saber o que aconteceu ao rapaz.

– O senhor o conhecia?

– Sim, eu o conhecia!

– Mas não me disse como tomou conhecimento do caso! Sabemos que ele tinha um companheiro que fugiu; foi ele quem o enviou aqui?

– Vai ou não me dizer o que aconteceu ao rapaz? – tornou o senhor Lucas, insistente.

– Nada tenho a esconder: ele está morto e foi levado à perícia policial como é regra nesses casos!

– Morto!?

– Tudo nos leva a crer que ele e aquele que fugiu são os dois que a polícia procura há tempos, por tantos furtos praticados sem nunca terem se deixado prender. O senhor deve saber de alguma coisa e precisa dizer-me onde se encontra o outro. Se ele não tivesse falado, o senhor não estaria aqui!

– Eu nada direi, mas com certeza o senhor mesmo o pegará, que ele merece! Aguarde mais um pouco e o terá também em suas mãos para ser julgado. Ele ou a família deverá reclamar o corpo do jovem, e aí o senhor fará a sua obrigação.

– Sinto que sabe muito mais do que revela!

– Eu estou tão ou mais revoltado que o senhor, que

não avalia o que tudo isso significa para mim, para o meu lar, para a minha família!

– Se o senhor me disser, eu saberei!

– Eu o farei com muito gosto, porque entre todos os que tiveram prejuízos com o trabalho dos dois, a mais prejudicada foi a minha filha!

– O que quer dizer?

– No momento, nada, mas, na hora certa, falarei tudo o que precisar!

– Bem, agora o senhor pode ir, mas terá que deixar seu nome e endereço, pois será citado nesse processo e deverá ser chamado para depor.

Ao se retirar da delegacia, o senhor Lucas dirigiu-se para casa imediatamente, levando à filha a notícia da morte de Flávio.

Ele não percebeu, tão aturdido estava com os acontecimentos, com o engodo que Flávio lhes havia preparado, enganando a filha daquela maneira, mas um guarda, assim que ele deixou aquela repartição, foi designado para segui-lo.

De alguma forma que não sabia qual, nem a sua ligação com os dois meliantes, a polícia deduziu que ele sabia muito mais do que revelara. Poderia até levá-lo ao outro que se mantivera vivo, mas fugira, e que se constituía numa peça importante daquele jogo que vinham realizando há tempos, sempre saindo vencedores, derrotando a muitos. Mas chegara o momento de eles também perderem. Esse tipo de vitória nunca perdura para sempre. Um dia os vencedores cometem uma imprudência porque nada é infalível aqui neste orbe, por mais cuidado tomem, e o parceiro daquele que perecera deveria ser preso.

Assim que chegou, ele comunicou à filha o acontecido, - nada mais deveria permanecer escondido - e mais Denise se desesperou.

Em poucos momentos apenas, ela se sentia como se o mundo houvesse desabado sobre a sua cabeça, e humilhada, sofrida, ludibriada, estava sob ele, sem condições de se levantar.

O pai deu-lhe as informações do que estava ocorrendo com o corpo, mas ela, com muita segurança do que dizia, afirmou que nunca mais queria vê-lo, nem morto. Não suportaria enfrentar, mesmo sendo um cadáver, aquele que tanto a estava fazendo sofrer. Se ele morrera, morreram com ele todas as suas ilusões, as suas esperanças e o seu amor; para ela, não obstante com o coração alquebrado, ele nunca existira. Que fizessem o que quisessem com o corpo, mas sem a sua presença. Mesmo inerte, ele nada merecia dela.

Diante dessa afirmativa, o pai decidiu ir em pessoa comunicar à família de Flávio o que havia acontecido, colocando-se, apesar de tudo, à disposição para ajudar no que fosse necessário.

Ele não imaginava mas, naquele momento, não estava ajudando aos familiares do genro, mas à polícia, pois o mesmo guarda que o seguira, ainda esperara algum tempo pelas imediações, supondo que algum acontecimento a mais poderia ocorrer.

Quando o advogado parou seu carro diante da casa do pai de Flávio, o guarda comunicou-se imediatamente com a polícia que, em poucos momentos e em bastante silêncio, chegou, cercando toda a casa sem que ninguém percebesse. Quando saía, depois de ele passar as informações que levara, deixando a todos consternados, ela deteve-o, suspeitando de alguma cumplicidade, e invadiu a casa, retirando o pai do jovem morto, depois dele mesmo ter confessado quem era e o que fizera. O filho não existia mais e nada mais importava. Nem nas filhas pensou! Não sabia o que iria acontecer com elas, que, no primeiro momento, também estavam sendo presas, mas o pai liberou-as dizendo que nem elas sabiam o que eles realizavam. Os culpados eram somente ele mesmo e o filho, e, ao ver que o senhor Lucas estava detido, liberou-o, declarando que ele também havia sido enganado e não tinha culpa de nada. Era apenas o sogro de seu filho, cuja esposa também de nada sabia.

Diante disso, como possuíam o seu endereço, o pai de Denise foi liberado.

Entretanto, o corpo precisaria ser sepultado e as irmãs, em pranto de vergonha e desespero, queriam ver o irmão, e a própria polícia encarregou-se de levá-las.

Um morto, um preso, um coração despedaçado, e todos os outros familiares, tanto da parte de Denise quanto Cláudia e Marina, constrangidos, humilhados e sofridos uns, enraivecidos outros pelo engodo em que se viram envolvidos. Foi o resultado daquele trabalho que realizavam há tanto tempo.

Enquanto eles subiam na vida, levavam tanto prejuízo a tantos pelo conforto usurpado, pela satisfação de todos os seus desejos, se assim pensarmos só na existência material. Sabemos, porém, que ela não é tudo. Ao contrário, é quase nada diante da eternidade do espírito, e precisa ser bem cuidada para que ele, ao retornar ao seu lugar de origem, aquele que sendo um ser imortal porque há de viver para sempre, não leve compromissos para não retardar cada vez mais sua redenção, que, embora ainda longínqua pelo estágio evolutivo em que se encontra a maioria dos habitantes deste Planeta, um dia chega.

CAPÍTULO 13

A DURA REALIDADE

Em relação ao corpo, velado ou não pelos familiares, pelos amigos, não foge à regra do que deve acontecer. E o de Flávio, depois de passar pela perícia policial, depois de visitado apenas pelas duas irmãs que ficaram a seu lado até a despedida definitiva, foi sepultado.

Fechava-se, assim, um período de farsa, de planos e de atos escusos e começava outro para aqueles que ficaram.

Para Denise restaria o coração partido pela dor, o sofrimento que teria que suportar por tanta decepção, mas nada lhe faltaria em relação ao conforto material, pois os pais tinham de sobejo para oferecer-lhe.

Cláudia e Marina, além do desespero pela perda do irmão, pela vergonha de terem o pai preso, não imaginavam o que lhes aconteceria. Elas ainda não sabiam, mas poderiam ter seus bens confiscados, se, ao final das investigações, fosse apurado que eram o resultado de furto. E mesmo que não fossem, como viveriam a partir de então? Como manteriam a casa onde moravam no nível em que estavam vivendo? Mesmo que trabalhassem, conseguiriam apenas o suficiente para sobreviverem sem passar fome e nada mais.

A família de Denise poderia ajudá-las... Afinal elas também haviam sido enganadas e não tinham culpa de nada. Contudo, a jovem esposa ultrajada nos seus mais puros sentimentos, não queria contato nenhum com aquela família, para não ter que reviver, a cada instante, a tragédia na qual fora envolvida e na farsa que se tornara a sua vida.

Passados mais alguns dias, as duas irmãs começaram a procurar emprego em casas de família, mas aceitariam apenas aquele em que pudessem ter também a moradia, para se mudarem de vez. Assim que encontrassem o que desejavam, abandonariam a casa, deixando-a fechada até que soluções novas pudessem surgir.

Aos poucos, entre os encarnados, a vida iria se acomodando de uma forma ou de outra. Era o que teria de acontecer. Mas para aquele que perdera a vida em ato tão estouvado e irresponsável, começava um outro período. Não o de se preocupar com a sobrevivência, nem o de se elevar socialmente, mas o em que as verdades não são mais que verdades puras, sem engodos, sem falsidades, sem subornos. E, assim, uma nova realidade se lhe apresentava, bem diferente da vida de facilidade e conforto que tivera na Terra, depois que começou, juntamente com o pai, aquela atividade tão comprometedora para o seu espírito.

Só o fato de ter se retirado da Terra, tão inesperada e repentinamente, através de um ato de grande violência, já era um problema terrível para seu espírito, que se via em desespero constante.

Entretanto, mesmo que assim houvesse acontecido sem que ele tivesse tido culpa de nada, se tivesse vivido de forma ilibada, seu espírito passaria por um período de dificuldade muito natural, mas o auxílio permitido por Deus àqueles que fazem jus a ele, já o teria retirado de tal condição.

O caso de Flávio, porém, era extremamente diferente, se analisarmos a sua situação, pois o conhecemos desde antes dessa sua última existência, quando praticou atos condenáveis diante de Deus. Estivemos com ele no Mundo Espiritual, depois de um período de sofrimento quando deixou seu corpo, e acompanhamos os esforços que fez, como se preparou e o que prometeu; sabemos da aquiescência da esposa da encarnação anterior em vir novamente com ele e auxiliá-lo a ressarcir seus débitos, e até a promessa de compensá-la dos sofrimentos que lhe ocasionara. E o que fizera de sua existência?

Tendo se encontrado para uma prova definitiva com aquele que lhe fora pai recentemente, e havia sido comparsa de roubos e assaltos em uma existência pregressa, a fim de demonstrar que realmente estava modificado, novamente caíra nas malhas da delinquência e de forma ainda mais grave. Juntamente com aquele a quem deveria mostrar a sua transformação, reincidiu, assumindo novos compromissos.

Em relação àquela que lhe fora esposa, ao invés de compensá-la, fê-la sofrer muito mais.

Em sendo assim, como estaria ele, em espírito, depois de tudo isso que acabamos de narrar e que o leitor viveu nas páginas deste livro, acompanhando-o nas suas ações e lembrando-se de suas promessas?

É óbvio que, ao deixar o corpo de forma tão inesperada e agressiva ao espírito, permaneceu muito tempo inconsciente de si mesmo, sem ver ninguém, sem saber o que havia acontecido, sentindo-se perdido e desesperado.

Andava de um lado para outro e retornou, num instante de lucidez permitido por Deus, ao seu antigo lar, e viu-o totalmente vazio e abandonado, aumentando o seu sofrimento. Tendo feito o mesmo em relação à casa onde vivera com a esposa, e encontrando-a também fechada e vazia, o seu desespero foi maior, e caiu novamente no desequilíbrio de suas ações. Sem saber o que realmente havia acontecido consigo, julgando-se vivo e abandonado por todos, porque ainda não tinha consciência do que havia praticado e de que não pertencia mais ao mundo dos encarnados, o seu sofrimento era muito grande.

Nessas condições, o pobre Flávio, em espírito, passou muito tempo, sempre atormentado, sempre sem rumo e sem pouso, tanto tempo que, se retornássemos à Terra que foi obrigado a deixar abruptamente, na realização de um ato indigno de qualquer ser humano em evolução neste Planeta, vamos nos deparar com o ambiente no qual ele vivera, completamente modificado.

Seu pai ainda se encontrava na prisão, mais envelhecido e adoentado, sem nenhum prognóstico para quando completasse a sua pena, tão alquebrado vivia.

Cláudia e Marina, depois de muitas lutas, depois de conseguirem, após muita procura, um emprego de domésticas, deixaram a sua casa, pois não tinham condições de mantê-la. E como tiveram a sorte de ser contratadas pela mesma família, permaneceram trabalhando juntas por bastante tempo.

Cláudia conhecera um rapaz simples que vez por outra ia também à residência onde trabalhava para prestar algum serviço, e, com o tempo casou-se com ele, mas não tiveram uma vida fácil, por isso ela continuou no mesmo trabalho.

Marina, a mais velha, nunca conheceu ninguém que se interessasse por ela até chegar ao casamento, e, já com mais idade, deixara de acalentar esse sonho em seu coração. Como Cláudia, ao se casar, montara a própria casa, não obstante bem simples, Marina, mais tarde, ao deixar aquele emprego, foi morar com ela e ajudava-a no que podia, com os dois filhos que a irmã tivera, já quase adolescentes, numa vida de grandes lutas, comparáveis a que possuíam no lar do pai, antes dele e do irmão começarem aquele trabalho tão reprovável e tão comprometedor.

Elas visitavam, às vezes, o pai na prisão, mas não com tanta frequência, pois guardavam no coração ainda muitas mágoas.

A casa onde residiam fora confiscada pela polícia, bem como a que Flávio comprara para o seu casamento, e tudo o mais que possuíam. A importância levantada com a venda foi devolvida a alguns que tiveram prejuízos, que conseguiram provar o quanto perderam e que indícios tinham de que haviam sido os dois os causadores.

Quanto a Denise, sua vida modificou-se completamente. Ainda em todo o viço que a juventude lhe conferia, criada com carinho e cuidado pelos pais, não soubera superar aquele golpe tão grande que Flávio lhe dera.

Quem a visse logo depois dos acontecimentos, compará-la-ia a uma flor cheia de viço e beleza, que fenecera. A cada dia a sua tristeza era maior. A desilusão sofrida fora tão grande que não acreditava mais em ninguém e nada mais lhe interessava. Por mais os pais insistissem, mostrava-se indiferente a tudo. Continuava viva, que assim Deus o permitia, mas sem vivacidade, sem prognósticos para nada.

A beleza dos traços ainda a possuía, mas tanta era a sua tristeza que ela própria a sufocava na dor. Os anos foram passando... Os pais, já mais velhos, preocupavam-se com a filha; a irmã sempre procurava reanimá-la e despertá-la para algum outro interesse, mas não obtinha sucesso. O sorriso desaparecera de seus lábios, e mesmo a fala, só por alguma necessidade se manifestava.

Tendo deixado esse ambiente onde espalhou tanta desventura e tanta decepção, tendo ocasionado prejuízos a tantos, tendo iludido e enganado Denise apesar de tê-la amado, tendo colocado ilusões e esperanças no coração das irmãs e decepado-as depois, de modo tão vergonhoso, como poderia estar Flávio, senão em intenso sofrimento?

Nada do que se faz nesta abençoada Terra de resgates e provas, mas de tantas oportunidades de progresso espiritual, fica impune, e ele amargava, agora, no Mundo da Verdade, um pouco do muito sofrimento que espalhara.

Quanto tempo se encontrava naquela situação, ele próprio não tinha condições de avaliar, tão alquebrado ainda estava. Mas nós, que acompanhamos a sua história e sabemos tudo o que realizou e tudo o que deixou, bem como todo o tempo em que vivia naquelas condições, poderemos dizer que haviam passado, para os que permaneceram na Terra, muitos anos. Anos de sofrimento, tanto para os que ficaram quanto para ele que partira.

Nem sempre um sofrimento semelhante ao que Flávio experimentava, mesmo pelos anos que se estendiam, é suficiente para se saldar todos os débitos.

Deus, porém, na sua bondade infinita, oferece muitas oportunidades a seus filhos, e considera que um período de provas é um auxiliar muito eficaz para a renovação do espírito, para que mude conceitos e aprenda a viver mais cristãmente.

É óbvio que aquele tempo, apesar de já bastante extenso, não era suficiente para liberá-lo de seus débitos, mas era suficiente para que ele começasse a pensar em tudo o que fizera, se arrependesse e rogasse auxílio.

Era reincidente, não por uma vez somente, e, apesar do muito que se preparara e do quanto prometera, não resistira à prova da miséria material, justamente a que lhe daria, se bem suportada, o passaporte que o liberaria daqueles débitos, e o deixaria habilitado para começar a saldar outros, que sempre os temos até nos libertarmos de todos eles.

Assim exposto, como nenhum sofrimento é eterno porque Deus nos dá muitas oportunidades, Flávio também teve a sua, e um dia, sem entender ainda o que estava acontecendo, foi recolhido e levado para um pouso tranquilo de paz, onde lhe dispensariam compreensão, muitos cuidados e carinho, para o seu completo reequilíbrio.

Sabemos, porém, que não foi esse ato permitido pelo Pai que retiraria de seu espírito todo o sofrimento nem todas as suas responsabilidades. Uma fase estava concluída e começaria outra, quiçá, muito mais terrível.

Não seria mais o sofrimento da inconsciência, da falta de repouso e do equilíbrio perdido. Mas o que é muito maior porque é o resultado de uma consciência lúcida, – o remorso, o arrependimento, se ele tivesse capacidade para senti-los.

Quando pudesse analisar sua última encarnação

em confronto com o que se preparara, prometera e aceitara como sendo o melhor para seu espírito, se realmente estivesse consciente do que realizara, não só como meio de subsistência, mas para desfrutar das facilidades e do conforto que não lhe seriam permitidos nem convenientes ao seu espírito, seu desespero seria muito grande. Isto sem falarmos em Denise, aquela que já lhe fora esposa, aceitara ajudá-lo, e novamente fora envolvida por ele em dor profunda.

Entretanto, deixemos os acontecimentos se sucederem sem fazermos previsões, e vamos ao encontro daquele espírito ainda em sono profundo, num leito de hospital espiritual, e aguardemos o dia em que seria despertado, para verificarmos como se conduziria, a reação que teria ao se recordar de quem fora, de como procedera, e de todo o sofrimento por que passara.

Só aí recomeçaria um novo período para ele, que iremos acompanhar a fim de que sirva de exemplo a todos os que ainda se encontram em romagem terrena, e que, apesar de reconhecerem a bondade de Deus, sabem que existe a lei de causa e efeito da qual ninguém pode fugir. Diante disso, que procurem modificar suas ações, direcionando-as sempre para o bem, a fim de evitar sofrimentos futuros ao se depararem, no Mundo da Verdade, com o que prometeram e com o que planejaram.

CAPÍTULO 14

TERRÍVEIS CONSEQUÊNCIAS

Depois de muito tempo de inconsciência, Flávio foi despertado.

Encontrava-se já bastante calmo e estranhou o ambiente e as pessoas que o circundavam no leito, todas desconhecidas, naquele primeiro momento, e indagou o que estava fazendo ali, o que havia acontecido e quem eram elas.

Uma senhora bondosa, que soube mais tarde chamar-se Elídia, aproximando-se, falou-lhe que ainda não era o momento de ele ter preocupações, e que apenas se entregasse ao tratamento pelo qual estava passando, que todos ali o queriam bem e desejavam vê-lo completamente restabelecido.

Flávio olhou para todos, demonstrando confiança, e nada mais disse.

Logo a seguir, provocado por aquela mesma senhora bondosa, novamente foi adormecido, e assim aconteceria por algum tempo. Etapas desperto e etapas adormecido, aumentando cada vez mais o seu tempo desperto, até que tivesse condições de enfrentar toda a verdade de sua vida. Mas deixar completamente o leito para iniciar a nova fase do seu tratamento, algum tempo ainda demoraria.

Foi recobrando a consciência aos poucos, equilibrando-se, mas ainda não sabia o que lhe havia acontecido, e ninguém lhe antecipou nenhuma informação.

No primeiro dia, porém, em que lhe foi permitido um pequeno passeio, ao deixar a enfermaria em companhia de Elídia que supervisionava o seu refazimento, adentrou o jardim que aquele recanto oferecia aos necessitados de recompor suas energias, e falou:

– Não sei ainda o que aconteceu comigo, nem onde estou precisamente, mas reconheço que este lugar, agora que estou neste jardim, não me é desconhecido.

– Deus está permitindo que se lembre, porque chegou o momento de você ter, em sua consciência, todos os acontecimentos que envolveram sua vida.

– E por que reconheço este lugar?

— Antes de lhe responder, para que possa compreender de forma plena o que lhe aconteceu, quem somos nós, e onde está, precisamos conversar bastante e trazermos para a sua memória alguns fatos já passados.

– Cada vez que a senhora fala eu menos entendo. Fale-me claramente! Sinto que tem alguma revelação a fazer-me, mas receando a minha reação, demonstra muito cuidado e torna-me obscuras as suas palavras.

– Pois bem, quando Deus nos permite ter o conhecimento de onde estamos, quando Ele nos devolve a completa lucidez de nossos pensamentos, é porque a outra parte, aquela que está adormecida em nosso espírito, também está na hora de ser despertada e trazida à tona da nossa consciência, nivelando-se e juntando-se ao que sabemos, para que nada mais fique obscuro para nós.

– Continuo a não entender!

– Já o farei entender e começarei por lhe dizer que você tem razão. Este jardim é seu conhecido de outras vezes que aqui esteve, em espírito, refazendo-se de existências que se completaram e preparando-se para retornar à Terra em novas encarnações.

– E o que estou eu fazendo aqui, agora?

– Exatamente o que já falei! Refazendo-se de sua última existência terrena!

– Eu não me encontro mais na Terra?

– Como vê e está compreendendo, você se encontra entre nós, para um período de refazimento!

– É isso, então? Por isso ninguém veio visitar-me, nem meu pai, nem minhas irmãs, nem Denise?

– Exatamente! Mas logo lhe será permitido receber uma outra visita que tem se preocupado muito com você, está a par de tudo o que lhe aconteceu, mas ainda não é o momento de vir.

– De quem fala?

– Da única pessoa que poderia ter essas preocupações pelo muito amor que lhe dedica, e que também deixou a Terra, mas algum tempo antes de você!

– Fala de minha mãe?

– Sim! Muitas pessoas podem preocupar-se conosco desejando nos ajudar, mas nenhuma dessas preocupações nem nenhum desejo de ajuda é mais intenso e profundo que o de uma mãe, pelo amor muito natural que traz em seu coração, direcionado a seus filhos!

– Onde mamãe está?

– No momento não posso dizer! Assim que ela tiver permissão, aqui estará para o seu reconforto e para alegria dela. O que lhe puder revelar, ela mesma o fará!

– Quando a sua visita acontecerá?

– Dependerá apenas de você, do que conseguir lembrar, da sua conscientização de tudo o que fez na Terra e em que circunstâncias adentrou no Mundo Espiritual.

– Essas recordações me estão sendo difíceis!

– À hora certa, cada uma retornará e as terá também em relação ao que você preparou para levar como projeto para a sua última encarnação, a fim de aparar justamente os pontos falhos da sua existência anterior, e retornar, quando Deus o permitisse, redimido de suas faltas.

– E eu consegui cumprir esse plano?

– Isto só a você competirá avaliar. Nada podemos adiantar! O que lhe disséssemos, talvez você não acreditasse por não fazer parte ainda da sua consciência plena, e não teria o efeito necessário ao seu espírito. No momento em que você mesmo recordar, o que advier dessas recordações, dependendo do rumo que der a elas, lhe será bastante benéfico.

– É-me difícil compreender essas explicações, mas vou esforçar-me para recordar.

– Comece a fazer pequenos exercícios, esforce-se, e vá traçando uma linha na qual seus pensamentos poderão caminhar que, em pouco tempo, você terá a plenitude das suas recordações. Sei que, para algumas delas, você precisará de ajuda e do reconforto de uma palavra amiga, e eu coloco-me à sua disposição, quando chegar o momento.

– Por suas palavras, posso deduzir que nada fiz de correto e, ao ter a consciência de meus atos, sofrerei muito.

– Nada lhe posso dizer, mas coloco-me à sua disposição para, na hora certa, estar em sua companhia para as necessidades que poderão ser de reconforto, de esclarecimento ou até de estímulo, se você concluir que agiu corretamente, que espalhou o bem e auxiliou a muitos, e cumpriu à risca a sua planificação de vida na Terra.

A conversa encerrou-se, mas Flávio levava alguns esclarecimentos e o estímulo para refletir. Que tentasse recompor sua última existência através dos poucos elementos que possuía, pois eles, por si só, iriam se ampliando, ampliando, até abranger toda a sua vida na Terra. Bastante curta em anos de existência, mas cheia de ações que lhe trouxeram muitos débitos.

Como resultado do exercício que deveria fazer, lembrou-se da mãe e da sua companhia; lembrou-se das lutas que ela empreendia para poder levar um pouco de dinheiro para casa.

Lembrou-se também da falta de oportunidade do pai na realização de algum trabalho e da miséria que passavam no lar.

Lembrou-se do quanto gostaria de ter podido continuar seus estudos, mas não tivera condições de fazê-lo, uma vez que precisava ajudar os pais.

Lembrou-se, depois, da enfermidade da mãe e das dificuldades para comprar-lhe medicamentos, até que ela veio a faltar. Aí as lutas foram muito maiores, mas, por mais tentasse, sua vida parecia ter se encerrado, pois as lembranças não continuavam. Nada lhe vinha à mente para transpor aquele dia fatídico em que sua mãe os deixara para sempre.

Algum tempo levou para ter essas recordações, mas nada ia além. De tanto tentar, desistiu e começou a rememorar tudo de novo.

Se Deus permitisse ele teria a continuidade de sua vida, porque sabia, por intuição, que ela não havia se encerrado junto com a vida de sua mãe. Se assim fosse, teria estado bem e quiçá em companhia dela, mas lembrava-se, após, de ter passado por um período de grande sofrimento e alienação de si mesmo, sempre só, sempre em desespero, mas nunca podendo ter um juízo lúcido de sua situação.

Se assim aconteceu é porque ele devia ter errado muito. O que fizera que não lhe permitiam ainda as lembranças?

Com essas preocupações, procurou Irmã Elídia que lhe oferecera amparo, para expor o que lhe ia na mente como resultado de suas lembranças, e no coração, pelo receio do ainda desconhecido por ele.

Expondo as suas aflições, ela confortou-o dizendo que estava ocorrendo com ele exatamente o que deveria ocorrer, que não se afligisse e, se de tudo não se lembrava, era porque ainda não era o momento.

Mais fortalecido e pacificado, prosseguiu no seu esforço, e, num repente, teve diante de seus olhos, não o que faltava de sua existência terrena, mas o ato final, o que o levara de volta ao Mundo Espiritual.

Em princípio chocou-se pela violência da cena, e, reconhecendo-se nela, desejava saber o porquê daquele acontecimento. O que fizera para ter recebido aquela bala que lhe tirara a vida?

Muito ainda tinha para recordar, mas, pela consciência da aparência que trazia, tão jovem ainda, e pelo que já sabia até a morte de sua mãe, não haveria muito mais para lembrar, se considerasse a extensão do tempo que mediava esses dois pontos. Entretanto, não obstante o pouco espaço de tempo, poderia ter se comprometido tanto e de tal forma, que lhe ocasionara o sofrimento pelo qual passara.

Sabemos que o tempo é muito importante em nossas vidas, e devemos aproveitá-lo em toda a plenitude de seus minutos e segundos, sem deixá-lo passar na indolência, no nada fazer, na inércia. Devemos aproveitá-lo empregando-o em ações nobres, em estudo e na aquisição de virtudes para o nosso aprimoramento espiritual, e tentando desfazer-nos do mal que ainda trazemos em nós.

Não podemos nos esquecer de que o tempo também é muito importante se o utilizarmos em ações más, porque elas deixam marcas indeléveis no nosso espírito, levando-nos a compromissos que podem estender-se pelos séculos.

Contudo, ele não precisa ser muito extenso para a prática das más ações, porque às vezes, uma ação praticada em poucos minutos, de tão grave, pode acarretar problemas que transpõem muitas encarnações para serem dirimidos.

Saibamos, pois, dar ao tempo que passa por nós ininterruptamente, a atenção que lhe é devida, em ações nobres, porque não estaremos fazendo nada mais nada menos que o bem para nós próprios.

No Mundo Espiritual nem sempre os acontecimentos têm o desenrolar que desejamos, nem sempre ocorrem quando queremos.

Flávio, de posse desses dois pontos de sua vida, aplicava a sua reflexão para ter em sua mente aquela linha de raciocínio que se iniciara lá atrás, desde quando tivera consciência de que fora um ser vivente na Terra até a hora do ato final, completamente preenchida em suas lacunas, mas, pelo seu retardar, concluiu que ainda não era o momento.

Indagar, pedir esclarecimento, de nada adiantava. E, em seus exercícios mentais que muitas vezes mais o aturdiam que pacificavam, ele aguardava, e muito tempo ainda passou.

Uma noite, porém, em que o repouso ainda lhe era muito necessário pelas condições em que se encontrava, à maneira dos encarnados que sonham, começou a ter certos vislumbres em sua mente, provocados pelos que dele cuidavam. Eles entenderam que era a hora de ele ter em sua memória, trazidas dos seus recônditos mais adormecidos, algumas recordações. Desse modo, enquanto desperto, teria a possibilidade de recompor totalmente a sua vida, os motivos de todo o sofrimento porque passara e a causa do ato final a que fora submetido, cuja responsabilidade, não obstante fosse em grande parte daquele que nele atirara interrompendo o curso da sua existência terrena, cabia-lhe também pela vida que levara, arriscando-se para usurpar o que a outros pertencia.

Conforme planejaram e efetuaram, tendo vistas ao que ele próprio faria com suas lembranças, quando despertou trazendo na mente algumas das cenas que lhe projetaram, como se vivo ainda na Terra estivesse, pôde, com mais vagar, unindo pontos, ter toda a sua vida que, como já nos referimos, conquanto não tão longa em anos, fora intensa em ações comprometedoras.

A aflição que tomou o seu espírito foi grande. Imediatamente foi à procura de Irmã Elídia que sempre o atendia solícita. Mostrando certa impaciência e desassossego, falou-lhe:

– Lembrei-me de tudo!

– Então deu resultado?

– O que diz? A que se refere?

– Ao que lhe foi preparado para que esse momento chegasse, porque já era hora de você ter toda a sua vida da Terra bem clara em seu espírito, porque outro período deve começar em seu estágio aqui entre nós!

– A senhora sabe do que falo?

– Nada aqui nos é oculto, porque precisamos trabalhar, em cada um, justamente seus pontos falhos, para que sejam entendidos e desfeitos numa próxima existência. É a forma de não se deixar perder oportunidade tão importante, concedida a cada um que retorna à Terra, mas nem sempre assim acontece.

– Sei do que fala! Como tive essas recordações, estou me lembrando agora de que retornei para essa minha última existência terrena, em condições financeiras difíceis, justamente para que pudesse superar erros do passado, contendo a minha ambição de sempre mais possuir, e voltar liberado dos débitos anteriormente contraídos.

– Não só isso!

– O que há mais?

– Nessa sua última existência, você teria dois reencontros muito importantes ao seu espírito. Um para desfazer completamente erros cometidos em conjunto num passado mais remoto, e outro para ressarcir danos, tanto de ordem financeira quanto de ordem sentimental, que você ocasionou àquela com a qual se unira em matrimônio. Ela aceitara ser novamente sua esposa para ajudá-lo, mas você, além de não lhe dar tempo para isso, ocasionou-lhe desgostos tão profundos que afetou intensamente a sua vida.

– Sei que fala, agora, de Denise... Só pode ser dela! E a outra pessoa, quem era?

– Falo de seu pai, cuja parceria você já teve em outra existência, quando se associaram para muito prejudicar, assaltando, roubando, saqueando. Era também uma prova importante para os dois, mas que vocês não souberam vencer e novamente se aliaram no erro.

– Quanto mais me fala mais vejo a extensão dos meus compromissos!

– Todos nós os temos sempre, e devemos nos esforçar para deles nos desfazermos e não os assumirmos ainda mais.

– Muito me comprometi nessa minha última existência, e agora, de posse de todo esse conhecimento, agradeço aquele que me retirou a vida, impedindo-me de continuar a comprometer-me.

– Todos esses acontecimentos já passaram e não adianta ficar pensando neles apenas para recordar. O importante é que se lembre deles como lições para seu espírito, a fim de evitá-los numa próxima existência.

– Pelo que me fala, eu vinha reincidindo nesse mesmo erro por algumas encarnações, e nada há que me modifique. Nenhum estudo, nenhum aprendizado, nenhuma preparação, nenhuma promessa, nenhum arrependimento tem me adiantado de nada porque, em lá chegando, eu cometo os mesmos desatinos. Nessa minha última existência, se não tivesse tanta miséria em meu lar, nada disso teria acontecido.

– Aquele que traz no espírito a ambição desmedida, seja em que condições forem, se não conseguir superar essa falha, essa imperfeição, volta a cometer os mesmos atos. A sua pobreza era a prova definitiva para esse seu mal, e o reencontro com aquele que foi seu pai, o arremate final para que se desligassem para sempre daquelas falhas e recomeçassem uma nova fase para seus espíritos. No entanto, não conseguiram passar por ela. Se fossem ricos, alguma coisa fariam para aumentar ainda mais a riqueza. O problema não está nas condições em que se vive, mas no próprio espírito, pois muitos suportam misérias terríveis na Terra e passam por ela se esforçando, lutando pela sobrevivência, sem nunca estenderem as mãos para nada que não lhes pertença por direito, mesmo que a oportunidade se faça.

Muitas conversas semelhantes a esta foram entabuladas entre Flávio e a sua orientadora espiritual, em decorrência das quais muitas reflexões ele realizou.

Quanto mais se conscientizava das suas responsabilidades, uma intensa angústia tomava-lhe o espírito, crescendo à medida que aprofundava os seus pensamentos.

Tinha já consciência de quem fora Denise, pois trazia também todas as lembranças da sua existência anterior à última que vivera na Terra, e lembrava-se do que já lhe fizera quando possuíam uma situação financeira melhor. Lembrava-se dos filhos que havia deixado, do quanto sofrera perambulando pelas ruas; lembrava-se da miséria que passara e do seu arrependimento quando teve consciência, no Mundo Espiritual, do que fizera.

Lembrava-se do quanto pedira à esposa para acompanhá-lo novamente e tivera, apesar do sofrimento que lhe impusera, a sua aquiescência em aceitar o seu pedido, pelo muito amor que ainda lhe dedicava. Ela, que muito sofrera por causa dele e esperava ser compensada desse sofrimento, pelas suas promessas, concordando também em ajudá-lo se necessário fosse, o que recebera dele com o amor que lhe dedicara?

Ah, quanta vergonha de si mesmo sentia quando essas recordações insistiam em sair do profundo do seu espírito, subindo à tona da sua consciência para acusá-lo!

Mas o que estava feito, estava feito e não tinha mais volta. Quem acreditaria nele, nas promessas de uma próxima oportunidade terrena, se não merecia mais a confiança de ninguém?

O tempo foi passando, ele foi novamente se preparando, estudando, refletindo, e já desempenhava alguma atividade, para, pelo menos, sentir-se um pouco melhor consigo mesmo.

Nunca tivera notícia das irmãs, nem do pai, nem

de Denise. Depois de todo esse tempo, porém, em que a consciência o acusava muito, essas pessoas faziam parte do seu pensamento e ele desejava saber delas.

Na realidade, não tinha nem noção de quanto tempo passara, e se ainda elas faziam parte do mundo dos encarnados.

Lembrava-se constantemente de sua mãezinha querida, que tanto sofrera pelas lutas empreendidas em favor de sua família, na Terra, e agradecia a Deus o tê-la levado antes que pudesse sofrer ainda mais pelos desatinos que ele cometeu.

Entretanto, em uma das suas conversas com Irmã Elídia, sempre pronta a ouvi-lo e transmitir-lhe orientação, esclarecimento e conforto, a isso se referiu, desejando saber onde ela se encontrava, e por que nunca a vira.

– Nesse nosso mundo há muitos recantos semelhantes a este onde ora estagiamos, muitas moradas, e a cada um está reservado uma delas, a mais adequada às necessidades do espírito, e onde pode prestar o serviço que é mais inerente à sua capacidade e habilidade.

– Em sendo assim, para mamãe devem ter reservado um lugar muito bom, pois ela o merecia. E aquele que tiver a sua ajuda, agora, só pode sentir-se bem, porque ela deve ter muitas coisas boas para transmitir.

– O que eu posso dizer é que muito tempo já passou, se considerarmos aquele em que você esteve perdido de si mesmo, e muito também faz que foi trazido para estar conosco. E sua mãe que já os havia deixado, está muito bem! Quando lhe for permitido, ela virá em visita a você.

– Ser-me-á permitido ter a visita de mamãe?

– Ela só não veio ainda porque não era o momento, mas está a par de tudo o que se passa com você. Quando puder vir, que sei não demorará, muito ela terá para lhe falar. Nada posso adiantar-lhe, mas a sei sabedora do seu arrependimento e do quanto tem fracassado no ressarcimento de seus débitos, contraindo-os cada vez mais. Ela virá trazendo-lhe uma proposta, que, se você aceitar, lhe será definitiva, assim esperamos, para a solução desse problema e dessa imperfeição que seu espírito carrega há tanto tempo.

– Nada pode me dizer sobre isso?

– O que ela tem a lhe dizer, só um coração de mãe pode fazê-lo!

– Aguardarei a sua visita, ansioso para saber qual a solução que traz para esse meu problema tão grave e tão comprometedor. Todavia, adianto-lhe, seja ela qual for, eu aceitarei! Mesmo que seja uma solução de grande sofrimento, é uma solução, e muito melhor que sofrer pelo arrependimento sem nenhum prognóstico de modificação.

CAPÍTULO 15

VISITA MATERNA

Flávio, a partir daquele momento, começou a ter no coração novos sentimentos. O da expectativa pela visita da mãe e o da ansiedade para que ela se realizasse o mais breve possível, a fim de satisfazer outro sentimento que lhe fora incorporado ao espírito, o da curiosidade.

Se o arrependimento o atormentava e o fazia sofrer ainda, a esperança começou a amenizar em seu espírito esse terrível pesar para quem o abriga. Pelo que ouvira, sua mãe lhe traria uma solução que lhe seria definitiva, e ele estava curioso para saber qual seria, não obstante já prometera a si mesmo, fosse qual fosse, teria o seu assentimento. Se fosse uma solução difícil, melhor, assim se desligaria totalmente daquele vício terrível e recomeçaria sua vida, depois, em novas bases, após ter errado tanto.

Sua vida começou a ser diferente. Recolhia-se mais em suas reflexões, orava e estudava, pedindo a Deus que o ajudasse, e aplicava-se às tarefas que lhe competiam realizar, com mais amor e denodo, porque sabia, alguém muito querido estava se preocupando com ele e lhe traria soluções. E, partindo de sua mãe, só podia confiar.

Desde o dia em que mantivera aquela conversa com Irmã Elídia, muito tempo já havia passado, e o que ela prognosticara ainda não havia acontecido. Diversas vezes a inquiria para mais saber, mas ela respondia-lhe:

– O que me foi permitido revelar já o fiz, e vejo que foi muito bom. A sua aplicação melhorou bastante, e justamente o a que visávamos, revertesse em seu próprio benefício, cumpriu-se. Você modificou ainda mais o seu modo de ser, a fim de que, ao chegar a hora da visita, sua mãe o encontre preparado para receber o que lhe trará como proposta.

– Tenho me aplicado em tudo o que realizo, mas vejo que esse momento tarda!

– Tudo tem sua hora certa, como deve saber, para que não se perca nenhum esforço, nem pelo adiantar nem pelo retardar, e posso dizer-lhe, a hora certa está se aproximando. Sua mãe tem, além dessa preocupação com você, as suas obrigações, o que está preparando para lhe trazer como solução, e que demanda muitas providências.

– E se eu não aceitar?

– Lembre-se de que prometeu fazê-lo, fosse o que fosse! Apoiada não só nas suas próprias palavras, mas no seu desejo de libertar-se desse vício que o compromete cada vez mais, ela tem certeza de que você aceitará. Depois, da forma como lhe será proposto, e o que ela lhe fará com sacrifício das suas próprias tarefas, mas entendendo que precisa ajudá-lo, não terá como recusar, tanto amor ela está colocando nesse projeto que está organizando.

– Deixa-me mais curioso ainda, mas sei que de nada adiantará indagar, senão aguardar a visita dela.

– Vejo que compreendeu bem. Continue a aplicar-se com amor em tudo o que realiza, que o tempo transcorrerá mais rápido do que imagina, e sua mãe logo aqui estará com tudo pronto para expor-lhe.

– Saberei esperar, aproveitando o tempo em meu próprio benefício, aplicando-me na disposição de aceitar e cumprir bem a sua proposta.

Algum tempo mais passou, e Flávio continuou cada vez mais disposto pela esperança do que lhe aconteceria.

Uma noite, antes que ele se recolhesse para o seu repouso, irmã Elídia, procurou-o dizendo-lhe:

– Nesta noite, aplique-se bastante em suas preces, eleve seu pensamento ao Pai e peça-lhe que lhe dê força e coragem para compreender e concordar com a proposta que sua mãe lhe trará, pois que amanhã, pelas primeiras horas, ela aqui estará para visitá-lo!

– Será amanhã?

– Sim, logo cedo. Procure descansar, reflita, medite e ore, que é o melhor que poderá fazer nesse período que antecede a sua chegada, a fim de que ela o encontre bem disposto e pronto para compreender o objetivo maior da sua visita, e não haja empecilhos na sua realização.

Na verdade, aquela que lhe fora mãe na sua última existência terrena, já se encontrava entre eles desde o fim da tarde, mas só se apresentaria ao filho pela manhã.

Durante o período que antecederia o encontro, ela entraria em contato com o Mentor, lhe exporia o que trazia para o filho e ouviria dele a sua aprovação ou recusa, uma vez que Flávio se encontrava sob sua responsabilidade e ele deveria, não só estar a par do que se realizava, como do que ela proporia.

É óbvio que ela não estava agindo aleatoriamente, sem um prévio consentimento dele, mas o que traria em planos, ele deveria ter conhecimento, fazer a sua avaliação e dar ou não a sua aprovação.

Só depois é que ela se encontraria com o filho, levando-lhe, já bem firmado, o que lhe proporia. E se fosse recusado, saberia também como agir, mas com isso ela não se preocupava porque tinha certeza de que ele não poria obstáculos, tão bem organizado havia sido, tendo em vista tudo o que desejava para o filho.

A altas horas, quando o repouso se fazia necessário para muitos na Colônia, mas aqueles que dele não tinham mais necessidade e estavam vigilantes para melhor e mais intensamente cumprirem suas tarefas, aquela mãe, preocupada e diligente, foi recebida pelo Mentor.

– Que Deus a abençoe, irmã, e que o entendimento faça parte do nosso espírito na análise da proposta que traz, e que ela seja benéfica a seu filho diante do que ele necessita, e ao seu progresso espiritual por tanta abnegação!

– Deus seja louvado, e que possamos receber suas bênçãos, ajudando-nos com a palavra correta e adequada para a explicação do que tentaremos realizar brevemente...

– Estamos felizes de que aqui esteja! Sabemos o quanto Flávio tem reincidido no seu grave vício, e o quanto se arrepende quando conosco, depois de passar por grande sofrimento em regiões sombrias. Por isso, necessário se faz uma programação mais severa para que ele extirpe de vez, de seu espírito, falha tão grande, para a paz e o progresso dele próprio. Pode expor, irmã, com suas próprias palavras o que levará a seu filho.

Com vagar e dando todas as explicações, ela foi apresentando o que preparara para ele. Mas, como uma existência terrena é uma oportunidade de grande importância ao espírito, e não se vive isolado, ela coadjuvava naquele planejamento outras pessoas com as quais já convivera e também necessitavam de auxílio.

Em breve tempo, conforme estava previsto, aquele que fora seu marido e pai de Flávio, retornaria ao Mundo Espiritual, tão doente e alquebrado se encontrava depois do cumprimento de longa pena em reclusão, e ela o incluía também no seu projeto.

Se ambos, Flávio e ele deveriam regenerar-se, ela pedia permissão de também recebê-lo como filho, gêmeos se possível fosse, para que ficassem sempre juntos e unidos na grande dor regenerativa de seus espíritos, própria daqueles que muito erraram e precisam erradicar de vez, de seus espíritos, o que se faz falho.

E nesse particular, o corpo físico lhes seria absolutamente necessário... De outra forma, ela não via bom prognóstico para eles, porquanto o que poderia ser feito em espírito já o fora. Se de nada adiantaram arrependimentos, estudos, preparação e promessas, pois que utilizassem outro remédio, muito amargo, por sinal, mas com todas as probabilidades de cura.

Depois de longa conversa com a exposição do plano, o Mentor bondosamente se manifestou:

– Só me resta, irmã, louvar a sua abnegação em favor desses dois espíritos aos quais muito ama. E se se encontra preparada para também suportar prova tão difícil, porque eles vão precisar muito da sua ajuda, você tem não só o meu assentimento, mas a nossa promessa de muito auxílio. A irmã sabe que, ao nos encontrarmos aqui, desprovidos do corpo, elaboramos planos de resgates difíceis para mais rapidamente nos vermos ressarcidos dos nossos débitos, e quando lá nos encontramos, somos tomados pela revolta.

– Compreendo a sua advertência, mas há muito venho me preparando para isso. Se Flávio concordar, pois lhe empenharei a minha promessa de muito auxílio, o que foi pai dele também será levado, porém, sem a minha consulta direta. Tenho a certeza de que, até chegar o momento do retorno, que para eles ainda demorará alguns anos, ele estará preparado para entender. Se a revolta fizer parte de seus espíritos quando lá se encontrarem, o que acho muito natural, nada irá além da revolta, que, com a ajuda que me promete, saberei aplacar. Mesmo revoltados, quando retornarem ao Mundo Espiritual, agradecerão ao Pai encarnação tão difícil, mas profícua.

– Vejo que está confiante!

– Sim, bastante confiante e segura de mim mesma, do que irei realizar, do que me espera, que não será fácil, mas Deus me dará forças para que as transmita também a meus filhos!

– Que Deus a abençoe, irmã, e nesta manhã, quando estiver com seu filho, que ele saiba compreender e aceitar o que lhe leva como proposta, como sendo o melhor para o seu espírito, assim como entender o alcance do seu sacrifício em favor dele.

– Eu o farei de tal forma que não terá como recusar, e lhe direi ainda que precisarei muito dele, porque estará conosco, também, nas mesmas condições, aquele que foi seu pai. Assim, de uma só vez, retiraremos do vício, com a permissão do Pai, dois espíritos que precisam promover a sua redenção.

Ao se retirar da presença do Mentor, aquela abnegada mãe, apesar da carga tão grande que iria abarcar para si, em favor de dois espíritos tão queridos, dois irmãos em Deus, ia muito feliz.

Fora compreendida, seu plano fora aceito e permitido, mas faltavam ainda, para o amanhecer, algumas horas que ela utilizaria em preces para ter sucesso no encontro com o filho.

Quando as claridades dissiparam a escuridão da noite, e o brilho das estrelas se recolheu dando lugar a um céu azul, resplendente pelo agradável e ameno calor do Sol que começava a mostrar seus raios, ela supôs que era hora de procurar o filho.

Indo até o seu leito, onde ele permanecia com olhos cerrados, mas desperto, ela pôde captar que ele elevava o pensamento a Deus, em prece, pedindo-lhe forças para assimilar e acatar a proposta que a mãe lhe traria, pois tudo o que partisse dela, deveria ser para o seu próprio bem e não deveria recusar, ainda mais que teria o concurso do seu auxílio.

Ao perceber que ele encerrara esse recolhimento, e esperanças novas adentravam o seu coração, ela, aproximando-se ainda mais, acariciou-lhe os cabelos, dizendo-lhe:

– Meu filho querido, aqui estou!

Ele, pela surpresa e pelo grande bem-estar que sentia, abriu os olhos, olhou-a ternamente, mas nada disse. Parecia que certo constrangimento lhe tomara o espírito, e lágrimas desceram de seus olhos.

– Este é um momento deveras importante, meu filho! Há muito ansiava por ele, mas ainda não me era permitido vê-lo. Enquanto isso, com muito amor, com muito cuidado e carinho, fui elaborando o plano que lhe trago, por compreender que será o melhor para as suas necessidades de redenção. Logo mais irei expô-lo, esperando a sua aprovação, se realmente faz parte de seu espírito, despojar-se de vício tão atroz que está retardando a sua evolução e aumentando os seus compromissos.

O filho, que até então nada dissera, ouvindo estas palavras, manifestou-se dizendo:

– Sinto-me envergonhado diante da senhora! É uma sensação desagradável para mim, mas vendo a sua compreensão, a sua boa vontade e o seu amor a mim direcionado, eu lhe afianço: do que me trouxer, eu nada recusarei! Aceitarei tudo o que me expuser como regras de vida para a minha próxima existência terrena, porque sei, em sua companhia, terei o amparo de que precisarei!

– O que lhe trago, filho, não deixa de ser regras de vida, mas ditadas por um outro particular importante, sem o qual nenhuma regra será seguida nem obedecida, como já não o foi de outras vezes. Você terá que me ouvir, porque, acima de tudo, precisarei também da sua ajuda para o que pretendo. Eu me retirarei, e, em preces, o aguardarei no jardim, onde, diante da Natureza bela, do jardim florido e do céu azul, nós conversaremos. Nada devo adiantar-lhe ainda, mas lá estarei para essa conversa, que espero seja definitiva, e eu parta com o coração feliz pela sua aquiescência e boa disposição em compreender e aceitar.

– Aguarde-me, então, que logo lá estarei.

Ela retirou-se e Flávio, pensando ainda, permaneceu alguns instantes no leito, tomado de um grande bem-estar e, após uma prece, levantou-se e foi ao encontro da mãe.

Avistou-a ao longe, caminhando em atitude de reflexão, e imaginou que ela orava.

Devagar para não retirá-la daquele recolhimento, foi se aproximando e colocou-se ao seu lado sem nada dizer. Pela sua grande sensibilidade, ela percebeu o filho, mas nada disse nem interrompeu o que fazia, a fim de que ele entendesse a importância do momento e se dispusesse melhor a aceitar, não porque se visse compelido por ela, mas compelido pelas próprias necessidades do seu espírito.

Após algum tempo, virou-se para ele, dizendo:

– Filho querido, esperança de minha alma tão sofrida por vê-lo infeliz por tantos erros cometidos, chegou a nossa hora! Sentemo-nos para melhor conversarmos e para que você bem compreenda as minhas intenções, a minha posição nesse plano que organizei, e eu obtenha também, além da sua aquiescência com boa disposição, o seu auxílio para o que lhe vou pedir.

Um banco ela apontou entre um arvoredo ameno, como sendo o mais tranquilo para o que desejava, e para lá se dirigiram em silêncio. Flávio encontrava-se em grande expectativa. Ele sabia que nada seria fácil. Para a sua penitência, para o de que ele precisava, seriam necessárias medidas drásticas, e ninguém passa por uma existência vivendo dentro de um plano organizado com base nesse tipo de medidas, sem grande sofrimento. Mas ele já compreendera também, que seria muito melhor o sofrimento amparado pela mãe, que tudo o que sofria depois pelo arrependimento do que praticara, sem prognóstico de modificação.

Devagar, olhando o filho nos olhos e contemplando toda a sua ansiedade, ela começou a falar-lhe, agora de modo mais direto em relação ao que lhe iria propor.

Contou-lhe a sua entrevista com o Mentor, a exposição do plano, a aprovação dele, bem como a sua promessa de auxílio e proteção, a fim de que não esmorecessem, mas estivessem sempre fortalecidos na firme convicção do que propuseram fazer, para que não houvesse falhas nem revoltas.

Flávio olhava-a, ouvindo-a atentamente sem nada dizer, mas sua ansiedade era cada vez maior.

Se tanta necessidade de amparo assim haveria, a prova seria assaz difícil, e ele temia recusá-la antes mesmo de qualquer tentativa de uma reflexão mais aprofundada das suas necessidades.

Sua bondosa mãe, porém, com palavras ternas de carinho, revelando-lhe todo o seu amor e grande disposição de auxílio, foi expondo, com cuidado para não chocá-lo, o que havia preparado. Ao chegar ao ponto mais importante e fundamental para que a sua nova existência fosse bem-sucedida, ele teve um choque exclamando:

– É triste demais, mamãe! Não sei se suportarei! Tenho muito medo!

– Medo maior deve ter de reincidir no mesmo erro mais uma vez. Sabe que estarei em sua companhia, dispensando-lhe todo o meu amor e o meu auxílio, para que em nenhum momento eu o veja triste ou revoltado.

– É justamente a revolta que temo! Em lá estando, esquecidos do que aceitamos como sendo o melhor e prometemos suportar, vivendo em tanta dificuldade, a revolta é muito comum acontecer.

– Ainda somos falíveis diante das imperfeições que carregamos, mas são justamente as provas difíceis, bem suportadas, que fazem com que vamos nos aprimorando, e um dia alcemos voos às esferas celestes. Lembre-se, filho, de que a evolução espiritual é o caminho para a felicidade, e todos desejam ser felizes.

– O preço é muito alto!

– Nenhuma conquista é fácil, para que valorizemos o objeto conquistado. E quando se tratam de conquistas para o espírito, o que poderíamos dizer? São aquisições eternas para um espírito que é imortal! E de aquisição em aquisição, através do sofrimento, do conhecimento, das experiências bem vivenciadas, é que vamos evoluindo e nos despojando dos vícios e das imperfeições que ainda trazemos, alcançando para nós uma posição de plenitude espiritual que nos traz a felicidade eterna, só comparada a dos anjos.

– A senhora está levando muito longe os seus objetivos.

– Todos objetivos têm que começar com as pequenas coisas. Nada alcançamos se desejamos começar pelo fim. Há inúmeros passos que devem ser dados, muitos caminhos pedregosos para serem percorridos, mas um dia venceremos. O importante é que nunca estamos sozinhos. Sempre temos alguém que nos auxilia e nos incentiva, se vir em nós a boa vontade e o nosso esforço em superar as dificuldades, mas, acima de tudo, temos Deus, o nosso Pai, que vela por nós, sofre com as nossas faltas e deseja nos ver progredindo sempre e cada vez mais em direção a Ele.

– Diante de tudo o que me expõe, deduzo que, por mais difícil me seja, eu devo aceitar.

– Não posso obrigá-lo a nada, mas, depois de muito me preocupar por tantas existências que você vem perdendo e se comprometendo, foi a única tentativa de solução que vi.

– Tentativa, mamãe?

– Sim, filho! Tudo é tentativa. A minha intenção é a melhor possível, e mesmo que você aquiesça ao meu pedido, dependerá de você somente ser vitorioso ou não. Eu dispus-me a ajudar, me esforçarei bastante que também não me será fácil, mas no seu coração, no seu espírito, por mais me esforce, não poderei penetrar. Caberá a você suportar sua prova com aceitação, resignação, muita paciência e boa vontade, para que não venha a falhar. Quando você estiver na Terra, verá que há casos muito mais tristes que o seu, e muitos gostariam de estar em seu lugar, ao invés de estarem suportando problemas muito mais terríveis. Devemos sempre agradecer a Deus as graças que nos concede, porque todas são a nosso benefício. O que vem d'Ele, filho, sempre é para o nosso bem, mesmo que no momento nos desagrade, nos faça sofrer e até nos revolte, às vezes, mas no futuro Lhe agradeceremos o remédio amargo que nos fez tomar, porque foi justamente o que promoveu a nossa cura.

– Está bem, mamãe, não posso negar-lhe nada, mas faço-o também por mim, para que não venha a sofrer mais pelo arrependimento das ações mal praticadas, envolvendo entes que nos são tão caros e que, apesar de prometer não ofender e ressarci-los dos males que já lhes provocamos, maculamos o amor que nos dedicam.

– Eu não esperava de você outra resposta, filho! Meu coração está feliz e esperançoso, mas eu ainda não lhe falei tudo.

– Há mais ainda?

– Sim, há um outro ponto que vamos tratar, não em referência a você, mas vou precisar também da sua ajuda, para juntos ajudarmos a redimir um outro espírito que reencarnará nas mesmas condições que você, como seu irmão gêmeo, a fim de que façamos um trabalho uno e intenso em favor dos dois, e retiremos de vez os dois do mundo do vício!

– Fala de papai?

– Sim, filho, falo dele. Por que não aproveitarmos o mesmo plano para ambos, se vocês têm estado juntos em parceria intensa nos comprometimentos? Por que no momento de ressarcir, de se despojar dos vícios, de se aperfeiçoar, de crescer diante de Deus, ficarem separados?

– Nasceremos juntos, então?

– Sim, como dois irmãos gêmeos que muito vão se amar e se entender como já o vêm fazendo há séculos, mas não sabemos qual será a reação dele diante do que terá de suportar.

– Eu também não saberei qual será a minha.

– Mas você está tendo a minha palavra direta, o meu coração de mãe aberto e disposto para as suas necessidades e, com ele, eu não me entenderei diretamente. Seu pai ainda permanece na Terra, terminando de completar suas provas depois de concluída a sua pena em presídio, e logo retornará. Nós não nos reencontraremos porque eu deverei partir logo para preparar a nossa reunião familiar. Quando for chegado o momento, ele o reencontrará, e, através dos orientadores espirituais, tomará conhecimento do plano. Até esse dia chegar, o seu espírito estará bastante fortalecido para o que o aguarda, e você o ajudará.

CAPÍTULO 16

MEDIDA DRÁSTICA

Dessa forma, aquela boa mãe dava por encerrada a conversa com o filho.

Havia conseguido o que esperava, e a ela, agora, competia apenas as novas providências para o seu reingresso num corpo físico.

A preparação de uma encarnação, que parece ser simples, tem meandros, às vezes, difíceis de serem percorridos, para que dela se aproveite o máximo das suas possibilidades, o máximo que pode oferecer, a fim de que seja benéfica a quem tiver esse ensejo.

Na Terra, não vivemos só. Formamos uma corrente extensa de elos entrelaçados, e com todos temos que estar bem ajustados, para que nada entrave nossos objetivos e aproveitemos a existência, não apenas para uma finalidade, mas para tantas quantas tivermos condições de abarcar.

Tudo o que no orbe terrestre realizamos, decorre em favor ou desfavor de nós mesmos. Aqueles que já têm o pleno conhecimento dessa verdade, esforçam-se e desejam retirar da oportunidade reencarnatória, tudo o que ela pode oferecer em benefícios para o seu espírito, e para isso se esforçam.

A finalidade maior da próxima existência terrena daquela mãe, já estava decidida e estabelecida, e a tarefa seria grande. No entanto, já que na Terra estaria, porque não unir outras necessidades para a redenção e maior elevação do seu próprio espírito?

Pois era isso que, a partir daquela conversa com o

filho, ela iria providenciar. Verificaria o que poderia agregar à sua finalidade maior, executando alguma outra tarefa em favor de mais alguém ou pedindo a oportunidade de cada vez mais, mesmo na Terra, se aprimorar dentro das verdades espirituais que lhe trariam o conhecimento, e dele, a paciência, a compreensão, a resignação, a tolerância, a humildade e a caridade, virtudes que ela reconhecia como essenciais a um espírito a caminho do seu progresso.

Assim, quando se dispunha a acompanhar o filho até o edifício onde ele se encontrava instalado, para as despedidas e as últimas palavras de encorajamento, Flávio disse-lhe que gostaria de permanecer por mais algum tempo naquele recanto de tanta paz, e, em recolhimento, fazer a primeira prece dirigida ao Pai. Rogar-lhe-ia forças para suportar o que o aguardava, e que lhe ensinasse a cada vez mais compreender os seus desígnios e a sua justiça, para que nunca, nenhuma revolta tomasse o seu coração.

Louvando a atitude do filho, lembrou-lhe de que ele ainda teria muito tempo para toda essa acomodação interior do que sentia e temia, com o que deveria suportar em seu próprio benefício. E que, ao chegar a hora, com certeza estaria totalmente preparado, a ponto de ajudar também aquele que fora seu pai.

Entendendo as suas palavras, ainda antes de ela se retirar, ele falou-lhe:

– A alegria que tive em sua companhia, nesses

momentos que me foram proporcionados, foi muito grande, e sinto já, meu coração fortalecido, não pelas minhas próprias qualidades, mas pela coragem e estímulo que a senhora me transmitiu. Entretanto, antes de partir, se me for permitido, gostaria de ter notícias daqueles que deixei na Terra. Como estão minhas irmãs? Como está Denise?

– Não sei se terei essa permissão para lhe revelar, mas entendendo que lhe fará bem, eu direi: suas irmãs estão relativamente bem. Cláudia casou-se, tem filhos, e Marina mora com ela. Ambas lutam pela vida, não tanto como nós o fazíamos enquanto estávamos reunidos lá, mas as dificuldades se fazem.

– E papai, com quem está?

– Depois de cumprida a sua pena, suas irmãs o levaram para casa, mas ele é outra pessoa. Bastante envelhecido e com a saúde comprometida, tem lhes dado um pouco de trabalho, mas elas cuidam bem dele. O seu retorno, como já lhe falei, não deverá tardar muito. Em poucos anos, três ou quatro, talvez, seu espírito se libertará do corpo. Apesar de todo o seu sofrimento, está vivendo um período bastante profícuo ao seu espírito. Tem pensado, meditado muito, e eu, o quanto me foi permitido, estive em sua companhia dirigindo seus pensamentos, para que entendesse a inutilidade dos atos mal praticados, que só vêm em desfavor de nós mesmos, e ele sempre captou o que lhe transmiti. Agora que não poderei mais me ocupar desse afazer, já lhe deixei suficiente material para a sua reflexão, e se ele continuar a se aplicar nela, retornará em condições um pouco melhores, até porque já pagou um pouco do muito que fez!

– A prisão, então, é um bem para o espírito? Ajuda a saldar débitos?

– Não podemos dizer que a prisão seja um bem, e não cabe ao homem julgar o homem porque somos todos falíveis. Mas os tribunais terrenos existem para coibir as más ações, impedindo que elas prossigam, e o melhor que fazem é propiciar a possibilidade da reflexão. A justiça humana jamais substituirá, entre os homens, a Justiça Divina, que detém a melhor forma de fazer com que eles aprendam, mas não podemos desprezá-la de todo, enquanto os homens não compreenderem que devem respeitar-se e se amar mutuamente, não prejudicando os seus irmãos de caminhada, porque todos são filhos de um mesmo Pai, e todos com os mesmos direitos.

– Compreendo. Apesar de todo o sofrimento pelo qual papai passou, a prisão lhe fez bem.

– Nos moldes como lhe coloquei, sim!

– Gostaria também de saber de Denise. Eu a magoei muito, ela que me deu o seu amor, a sua dedicação, e já havia sofrido outras vezes pelos meus desatinos. Certamente não acreditará mais em mim! Ela ainda se encontra na Terra?

– Depois do acontecido, colocou-se numa grande

prostração, perdeu o gosto pela vida e sofreu muito. O seu entusiasmo desapareceu, e os pais preocuparam-se bastante. Entretanto, o grande carinho, desvelo e amor que lhe dedicavam, ajudaram-na, mas, mesmo assim, a vida para ela perdeu o encanto e nunca mais se recompôs. Nunca mais se interessou por ninguém e ainda vive, não mais com os pais que já retornaram, mas com a irmã que também a ama. Junto dos sobrinhos ela tem um pouco de alegria, e parece que só espera a hora de retornar.

Satisfeitas as curiosidades do filho, às quais ele tinha direito pelas próprias reflexões que já havia feito e pelos propósitos que estava se impondo, aquela mãe, feliz e esperançosa, despediu-se e partiu.

Como lhe dissera, ele preferiu permanecer ainda algum tempo naquele mesmo local, e recordou, palavra por palavra, tudo o que ela lhe transmitira em relação aos seus queridos que haviam permanecido na Terra, mas, com muito maior empenho e intensidade, o que o aguardava em alguns anos, por ocasião do seu retorno ao invólucro carnal.

Ser-lhe-ia difícil conforme já o compreendera, mas seria uma solução. Se aquela situação na qual vivera algumas existências terrenas, incomodava-o por todas as consequências desastrosas que lhe ocasionavam, somente uma medida, que esperavam, tinha todas as possibilidades de ser definitiva, resolveria tal problema.

Enquanto estivesse vivendo toda aquela situação de dificuldades, o sofrimento seria grande, mas acreditava que o tormento moral que acometia o seu espírito, após, era muito maior.

Deus tem seus desígnios e todos os recursos para fazer seus filhos compreenderem o erro e retomarem o caminho da retidão de atitudes. Ele seria colocado num caminho pedregoso, mas conforme se conduzisse nele, ao final, um outro de mais facilidade, sem tantos tropeços, sem deixar pessoas feridas atrás de si, encontraria, como também a felicidade que decorre da redenção.

Assim pensando, estaria pronto para enfrentar o que a sua mãe lhe propusera como solução definitiva, porque, completada aquela existência tão difícil, seu espírito traria para o Mundo Espiritual elementos para muita reflexão, e compreenderia a prova pela qual havia passado, após o esquecimento que o corpo físico impõe ao espírito. E, com certeza, agradeceria a Deus e estaria redimido, porque jamais, por seus próprios atos de impiedade, quereria passar pelos mesmos problemas outra vez.

Entretanto, como o esquecimento é característica fundamental para um recomeço em novas bases, a fim de que as provas tenham realmente valor ao espírito, temia a revolta.

Conforme sua mãe o lembrara, haveria tempo suficiente para que se preparasse até o dia do retorno, e era nesse ponto que se apoiaria num empenho mais intenso, extenso e profundo.

Já aprendera que não são as provas pelas quais se deve passar na Terra, que aprimoram o espírito, mas a forma de enfrentá-las, para que tanta dificuldade, tanta dor, não se tornem inúteis pelo não saber suportá-las.

Flávio permaneceu naquele recanto salutar que lhe propiciava condições satisfatórias para a meditação, durante muito tempo e pensou, pensou bastante. Ao levantar-se para regressar ao seu alojamento, caminhou devagar, foi observando a natureza que o circundava, pródiga em beleza, com suas árvores verdejantes, os pássaros que chilreavam, as flores multicoloridas, e compreendeu e louvou a magnanimidade do Pai Eterno.

Ele se esforçaria por si mesmo, por aqueles a quem tanto ofendera, pela sua mãe que se impusera sacrifícios ingentes em seu favor e em favor daquele que fora seu pai, e muito mais ainda pensando em Deus, que dá tantas oportunidades a seus filhos reincidentes no erro. Queria ser para Ele um novo filho, aquele que luta e se esforça para se aproximar cada vez mais desse Pai misericordioso e ser mais feliz, deixando-O feliz por ver mais um de seus filhos redimidos.

Deixemos agora esse irmão, cujo trabalho de preparação e raciocínios a ele somente caberia. Muito tempo para isso teria, fortalecendo o seu espírito para o que o aguardava, e vamos acompanhar aquela mãe extremada, diligente e abnegada, nas suas providências para o retorno, e no momento certo receber, em seu seio de mãe, os dois espíritos que se empenhava em auxiliar a redimir.

Ao partir para a sua Colônia de origem, ela levava o coração feliz. Tão feliz ia que não pensava em todo o seu sacrifício, em todo o sofrimento pelo qual poderia passar, pela forma como os filhos iriam enfrentar aquela realidade futura, mas apenas na alegria de poder ajudá-los que, para ela, estava acima de tudo.

É sempre assim que acontece ao espírito que já conquistou uma certa elevação. Deixa de pensar em si mesmo para pensar nos outros, ainda mais quando se trata de afetos, daqueles que deseja reerguer, para um dia caminharem nivelados e progredindo sempre em direção ao Pai Celestial.

Ao chegar, a sua primeira medida foi procurar o Mentor e dar-lhe conhecimento do ocorrido, pedindo-lhe as instruções necessárias de como proceder em relação ao que a aguardava para a sua partida.

– Fico feliz, irmã, que tenha conseguido o que se propôs, mas lembre-se, esse foi apenas o primeiro passo, aparentemente difícil, mas, na verdade, o mais fácil. Sabe que, em estando no Mundo Espiritual, sempre os espíritos são tocados por todas as verdades que enfrentam e que presenciam, e a sua sensibilidade e emoção tornam-se bastante ampliadas.

– Sei de tudo isso, irmão, mas nada poderia fazer sem essa primeira medida.

– Justamente nisso é que está a sua importância. Mas desse primeiro passo até um retorno bem-sucedido através da vitória alcançada, há uma longa caminhada de dificuldades. Nem sempre as promessas são cumpridas e o plano pode falhar...

– Compreendo as suas advertências e levo-as como um bem precioso ao meu espírito, para não me deixar abater, se fracassar. Entretanto, estou confiante e preciso tentar.

– Isto só vem demonstrar suas convicções, e só posso louvar a sua disposição de ânimo.

– Gostaria de receber, agora, as suas instruções quanto ao que devo realizar, e peço-lhe, também, que autorize a confecção da conclusão do meu plano, porque, a parte mais importante, a que me moveu a elaborá-lo, já a tenho completa. Falta-me, porém, outros elementos que ajudarão a compô-lo, por todas as implicações que terá com o que já realizei.

– Fala do seu companheiro.

– Entre outras coisas, também. Não sei quem me será determinado como companheiro para auxiliar-me nessa empreitada que levo, sendo o pai de meus filhos, e de quem espero, também, se possível, alguma colaboração.

– A irmã sabe que sempre trabalhamos com compromissos assumidos, com resgates que podem ser realizados, porque débitos de encarnações pregressas, sempre os temos, nessa cadeia imensa de elos que sempre nos une. Em assim sendo, consultaremos arquivos e lhe daremos alguém que precise também ressarcir erros, e, se estiver já em condições de auxiliar, lhe será uma boa oportunidade. Entretanto, é sempre um risco que deverá correr, porque, em lá na Terra estando, a irmã sabe que cada um, em uso do seu livre-arbítrio, foge muito da programação por nós preparada, e não raro, ainda assumem mais responsabilidades.

– É um teste a que eu terei de me submeter, porque mesmo como encarnada, quem garante que eu vá cumprir à risca o a que me propus, que eu não vá fugir de provas tão duras?

– Confiamos na senhora por isso estamos permitindo a sua ida, mas todos nós sabemos, cada encarnação é sempre perigosa! Porém, quando o espírito já tem bem alicerçadas em si, as virtudes tão proclamadas e ensinadas pelo Cristo, o erro é sempre mais difícil. Há aqueles que ainda fazem além do que levaram e retornam trazendo mais louros para o seu espírito.

– Tenho orado muito, tenho pedido a proteção do Pai, e confio, não pelas minhas virtudes que ainda não as possuo, mas pela misericórdia divina, pelas minhas boas intenções, que seremos vitoriosos. Não apenas eu na tarefa que levo, mas aqueles que serão meus filhos, pelas provas por que passarão.

– Que Deus a abençoe e sempre lhe dê forças! De

nossa parte, sabe que também contará com o nosso auxílio. É sempre uma alegria muito grande receber de volta, vitoriosos, aqueles que levam provas difíceis. A senhora será vitoriosa!

O que mais poderia desejar aquela pobre e abnegada mãe para cumprir os seus propósitos?

Trabalhara e se esforçara, e viu, nos primeiros passos, justamente os mais importantes porque deles é que partiria para a ação totalizada em si mesma, não só a aquiescência daqueles mais diretamente envolvidos, como o aconselhamento, a advertência e a promessa de auxílio de seus superiores.

Com certeza seria muito difícil, mas não é dos grandes sacrifícios, das grandes provas bem suportadas que emerge um espírito despojado de tantos débitos e pronto para direcionamentos mais nobres?

Era o que ela esperava e desejava para aqueles que iria receber como filhos. Se conseguisse redimi-los de vez, retirando-os daquele vício e daquela parceria maléfica que perdurava por algumas existências, se daria por muito feliz e realizada.

Consigo mesma não se importava. Apenas orava e pedia a Deus a sua proteção, para que também não falhasse, porque aí seria muito mais desastroso do que se a nada tivesse se empenhado. Porém, ela confiava.

Fortalecida pela compreensão do Mentor, restava-lhe aguardar as providências em relação à conclusão do plano.

Durante o período de espera, foi se recolhendo cada vez mais em si mesma, na análise de todos os seus propósitos, nas suas reflexões, e sobretudo na prece, na qual passara a apoiar-se como o cajado que dá sustentação àquele que não pode deambular livre, por si mesmo.

Passados alguns dias, foi chamada para tomar conhecimento do que faltava, tendo descoberto que, para a sua próxima romagem terrena, a bondade e misericórdia divinas colocara, depois de consultado, um afeto antigo que lhe faria companhia amorosa e terna, como já o fizera algumas outras vezes em passado mais distante, mas do qual, por necessidades de resgates, ela se vira afastada.

Exposto o que ela pretendia, dispôs-se a partir em sua companhia, e, no momento certo, encontrarem-se para prova tão difícil.

Ele levava também a promessa de auxílio do Mundo Espiritual, mas se lhe fosse permitido, queria fazer uma solicitação. Ele gostaria, para essa existência que se lhe delineava, de receber também um outro afeto ao qual devia amparo por erros passados, os quais desejava ressarcir para a sua paz espiritual, e lhe foi concedido, se aquela que seria sua esposa, concordasse.

Ela gostou da ideia porque assim teria, entre a rudez masculina, entre provas tão acerbas, mais um coração feminino para auxiliá-los na ternura que são próprias das mulheres, e na docilidade com que os irmãos deveriam ser cuidados.

Esse espírito, consultado, também concordou, e nada mais faltava para que o plano fosse colocado em ação o mais rápido possível.

Composto com todos os elementos que dele fariam parte, restava dispô-los pela ordem de partida, depois da preparação efetivada.

Aquele que seria o chefe da família partiria em primeiro lugar, depois de um período de preparação, tanto de ordem geral como sempre deve acontecer àqueles que retornam, como de ordem mais particularizada pela tarefa que levaria.

Depois seguiria aquela que lhe seria a companheira, e ambos, unidos no amor que Deus lhes permitiria viver, nas esperanças de uma vida feliz após o casamento, aguardariam aqueles que seriam seus filhos.

Determinado ficou que, para maior oportunidade de auxílio, aquela que receberiam como filha, chegaria primeiro, dando, assim, aos que seriam seus irmãos em provas, mais tempo também, para mais se prepararem.

Por último partiriam os dois, levados ao mesmo tempo, a fim de que juntos, como filhos gêmeos, estivessem mais unidos, e, apesar do que sofreriam, poderiam até se ajudarem mutuamente, pois ambos estariam nas mesmas condições de dependência.

Assim dispostos, a preparação de cada um teve

início. A vida que teriam na Terra não seria de tanto conforto nem de tanta liberalidade econômico-financeira, mas não passariam a miséria que já haviam experimentado na última existência. Teriam das mãos do pai, somente, o suficiente para a manutenção da família, com todas as necessidades que apresenta, mas lutariam. Ele pela subsistência honesta de seu lar e apoio aos seus, e a esposa, no controle dos recursos e muito mais no amor que lhes dedicaria.

Passado todo o período de preparação, o retorno se deu, conforme o programado, e no tempo previsto como o mais adequado, o reencontro daqueles dois espíritos encarnados aconteceu. E, sem imaginarem o que os aguardava, o amor renasceu em seus corações e eles uniram-se em matrimônio, felizes, esperançosos e cheios de planos.

A felicidade do casal era muito grande e, quando ela sentiu que não se encontrava mais totalmente liberta, que seu corpo abrigava mais alguém, a alegria foi maior.

Por ocasião do nascimento, alegraram-se, o pai ficou feliz, mas seu orgulho de homem desejaria ter recebido um menino, apesar de encantar-se com a doçura da filha.

Mais dois anos transcorreram e, um dia, falou ao marido:

– Imagino que o filho que você espera e eu também, para deixá-lo mais feliz, está se fazendo anunciar...

– Manifestei esse desejo antes de nossa filha nascer, mas você sabe que a amo muito, e se tivesse sido um menino, talvez não o amasse mais. Nossa filha encanta-me, e você vê o quanto ela é apegada a mim!

– Sim, vejo e, às vezes, sinto ciúme! Quando você chega, ela corre para seus braços, mesmo que eu a esteja embalando. Ela o adora!

– É assim que os filhos devem amar os pais!

– O próximo será homem, assim o sinto e assim o espero! E em sendo homem, talvez se apegue mais a mim!

– E lhe garanto que não vou sentir ciúme! Formamos uma família unida que se ama, eu tenho você que me dá alento e força, além do grande amor que nos une, e tenho nossa filha. Se tivermos um filho, mais os nossos laços de amor se reforçarão, e nós viveremos uma vida feliz de amor e de esperanças, encaminhando-os do melhor modo possível, dentro das possibilidades que eu lhes puder oferecer e seremos felizes.

Confirmada a suspeita daquela que se fizera em abnegada mãe para receber aqueles filhos necessitados, e cujas lembranças das promessas realizadas e dos planos elaborados, ela não possuía mais, porém, trazendo o espírito bastante fortalecido e convicto do que a aguardava, ao chegar o momento do nascimento, eis que ela recebe, ao invés de um, dois filhos bastante semelhantes. Traziam, os dois, uma deficiência muito grande e séria que, no primeiro momento os desgostara e entristecera profundamente. Entretanto, com o passar do tempo, com o auxílio que teria, com as esperanças que trazia pelos propósitos realizados, ela os auxiliaria muito e supriria, para eles, as mãos que lhes faltavam.